Chamanisme celtique

Ces arbres nos maîtres

Gilles WURTZ

Chamanisme celtique
Ces arbres nos maîtres

Deuxième édition

ÉDITIONS
VEGA
19, rue Saint-Séverin
75005 Paris

DU MÊME AUTEUR CHEZ LE MÊME ÉDITEUR

À la rencontre des Tsaatan, 2016.
Chamanisme celtique, animaux de pouvoir sauvages et mythiques de nos terres, 2014.
Chamanisme celtique, une transmission de nos terres, 2013.

© 2018, 2019, éditions Véga.
Une marque du groupe Guy Trédaniel

ISBN : 978-2-85829-917-1

Tous droits de reproduction, traduction ou adaptation,
réservés pour tous pays.

www.editions-tredaniel.com
info@guytredaniel.fr
www.facebook.com/editions.tredaniel

Cela faisait longtemps que l'idée d'écrire un livre sur les arbres dans la pratique chamanique m'attirait. Après *Chamanisme celtique, une transmission de nos terres* puis *Chamanisme celtique, animaux de pouvoir sauvages et mythiques de nos terres*, les participants aux enseignements me faisaient régulièrement comprendre qu'un ouvrage sur les arbres dans la tradition chamanique serait un bon complément. Et aujourd'hui, les arbres sont – enfin – à l'honneur : les ouvrages qui leur sont consacrés sont de plus en plus nombreux. Phénomène qui permet et encourage une prise de conscience générale, qui suscite toujours plus notre envie d'aller à la découverte de ces êtres de la nature que nous côtoyons tous les jours et qui, pourtant, nous sont quasiment inconnus. Ces ouvrages sont à vocation scientifique, botanique, ethnobotanique… La liste est longue, et c'est heureux, il y en a pour tous. Le but de cet ouvrage-ci est de mettre en lumière certaines connaissances sur les arbres qui nous viennent du chamanisme celtique. Il est aussi une occasion de répondre à des questions qui reviennent fréquemment.

Les pages qui vont suivre sont empreintes d'une conscience écologique vitale – liée aux arbres et à la nature qui nous entourent. Les esprits de la nature, et tout spécialement les arbres, se révèlent des maîtres, qui nous enseignent comment développer cette conscience écologique et comment la mettre en pratique dans notre milieu de vie, au quotidien.

Sommaire

1. **Communication avec les arbres et petites pratiques appliquées** ... 13
   L'enracinement ... 19
   La communication en état de conscience modifiée : le voyage chamanique ... 21
   Le voyage chamanique : observer l'arbre de l'intérieur ... 25
   La fusion : s'imprégner des vertus de l'arbre ... 26
   La métamorphose : faire un avec l'arbre ... 26

2. **Les arbres : exemples pour un monde meilleur** ... 29
   Être plus en harmonie avec l'ensemble de la vie ... 31
   Le modèle des cycles naturels ... 36
   Un arbre, une multitude de vies ... 38
   Médecine pour la Terre ... 41

3. **Le gui : la médecine sacrée des Celtes** ... 45

4. **Connaissances et vertus des arbres selon la tradition chamanique celtique** ... 57
   L'aubépine : la retraite, la protection ... 59
   L'aulne : la protection, la résistance, l'arbre de l'accouchement ... 62
   Le bouleau : le juste milieu, la pureté et la sagesse ... 64
   Le buis : la fertilité ... 67

Le charme : le savoir-vivre	71
Le châtaignier : la survie, la protection dans les moments difficiles	72
Le chêne : la force vitale, la robustesse, la longévité, la sagesse	74
L'épicéa : la réincarnation	79
L'érable : l'inspiration, la créativité	82
Le frêne : la connaissance et la sagesse	84
Le genévrier : la purification	86
Le hêtre : la persévérance, la volonté, la patience, la force et la stabilité	89
Le houx : la protection	92
L'if : l'arbre médecine, la longévité, l'immortalité	95
Le lierre : la persévérance dans l'implantation	98
Le mélèze : la résistance, l'endurance	101
Le noisetier : la divination	103
Le noyer : la sensibilité	105
L'orme : la force, la résistance	108
Le peuplier : la solidarité, le savoir-vivre ensemble	110
Le pommier : l'abondance, la fertilité	113
Le sapin : la médecine des voies respiratoires	116
Le saule : la souplesse	118
Le sorbier : la protection, le renforcement psychique	120
Le sureau : la protection	123
Le tilleul : la régénération	125
Pourquoi ces arbres ne figurent-ils pas dans ce livre ?	128

Sommaire

5. Esprits liés aux arbres dans la tradition chamanique celtique 131
   L'homme vert 131
   Cernunnos 133
   Yggdrasil 134

6. Rituels avec les arbres 137
   Se recharger énergétiquement avec un arbre 138
   Se laisser imprégner de la sagesse d'un arbre 139
   Faire de la médecine pour la Terre à travers un arbre 140
   Planter un arbre pour célébrer une naissance 141
   Planter un arbre pour favoriser un projet 143
   Planter un arbre pour honorer la terre 145
   Purification avec le genévrier 146
   Rituel du bâton de parole 148
   Rituel de départ avant qu'un arbre soit coupé 149

7. Questions sur les arbres en lien avec le chamanisme et les esprits 153
   Communication avec les arbres 153
   L'essence d'un arbre, son âme et son esprit 159
   Aider les arbres 162
   Les arbres coupés, taillés ou morts 164
   Qui sont les arbres ? 170
   Les arbres en lien avec la pratique chamanique 171
   Les relations avec les arbres 176
   L'éthique envers les arbres 181
   Divers 183

Remerciements 187

CHAPITRE 1

Communication avec les arbres et petites pratiques appliquées

Du point de vue du chamanisme celtique, les arbres sont avant tout des êtres vivants avec lesquels nous cohabitons et partageons notre propre vie. Ils sont indispensables à la vie sur Terre. Tandis que nous, les êtres humains, ne sommes pas indispensables à la vie sur Terre. Il est donc tout naturel que nous, les êtres humains, leur témoignions respect et gratitude.

Nous allons découvrir leur place dans le monde des esprits, et comment interagir avec eux dans notre pratique chamanique. Or, qui dit interaction dit forme de communication. Et entre nous, les êtres humains, la communication directe passe généralement par la parole ou par les mots écrits. En ce qui concerne la parole, il a été établi que lorsque quelqu'un s'adresse à un groupe de personnes, celles-ci ne retiennent que 7 % du message oral. Le reste, soit 93 % de la communication, est perçu autrement : par le comportement de la personne qui s'exprime, sa posture, ses gestes, les expressions de son visage, le ton et les inflexions de sa voix, l'atmosphère que la personne crée, les émotions qu'elle manifeste, etc. Il est clair que la parole n'est pas le seul facteur ni le plus pertinent pour communiquer. Il en va de même des messages écrits : comment lire les émotions de la personne qui nous écrit sans nous tromper ?

Dans notre pratique du chamanisme celtique, nous communiquons sur d'autres modes avec les esprits en général, et les esprits de la nature – dont les arbres – en particulier. Ainsi, on peut échanger avec un arbre par le toucher, en entrant physiquement en contact avec lui. L'arbre est un être sensible. Nous aussi. De ce contact va naître un échange de ressentis, d'émotions, un état d'être qui va constituer la communication qui aura lieu. Ce mode de communication se pratique surtout pour notre bien-être. Il agit dans les deux sens. Par exemple, soit nous demandons à l'arbre de nous recharger et de nous détendre, soit nous souhaitons donner de l'amour, de la gratitude, de l'énergie ou du réconfort à l'arbre. C'est à la portée de chacun, il faut juste le faire avec sérieux et sincérité de cœur. La science a ainsi montré, en mesurant les fréquences électriques d'un arbre, que tout ce qui touche l'arbre d'une manière ou d'une autre lui envoie un signal. Un insecte qui le pique, une chenille qui mange une feuille, le vent qui l'effleure, un écureuil qui grimpe sur son tronc, un pic qui le picore, ou un humain qui le touche… Comme chez l'être humain, le signal est instantané et l'arbre le ressent directement. À travers ce ressenti, il sait aussitôt ce qui se passe. Si c'est agressif, il se crispe, et si c'est affectueux, il se détend et apprécie. On ne va donc pas se décharger sur un arbre sans le prévenir et lui transmettre tout notre stress, notre colère, notre peur, notre tristesse ou notre désespoir ; ce ne serait pas respectueux envers lui. Il peut d'ailleurs se braquer et se défendre en nous transmettant de mauvaises sensations, jusqu'à ce qu'on le lâche et qu'on quitte les lieux. Il réagit énergétiquement comme physiquement. Car il a des émotions et sait les transmettre. Un arbre attaqué par des insectes va réagir et mettre des défenses en place : il va produire des substances chimiques pour lutter contre ces insectes. En même temps, il va communiquer sa peur et l'urgence de se protéger aux arbres dans ses parages, via son réseau racinaire et celui des champignons, liés à ceux de ses congénères. Certains le font aussi par les voies aériennes en envoyant des signaux chimiques autour d'eux. Mais le réseau racinaire est plus sûr, car il n'est pas dépendant du vent qui peut tout emporter dans la mauvaise direction. Les arbres qui ont reçu l'information vont alors produire à leur tour des enzymes pour se défendre et seront parés contre l'attaque annoncée. Ce sont là des modes de transmission physiques et chimiques de plus en plus étudiés par la science. La pratique du chamanisme celtique en connaît un autre : le mode de transmission, de communication énergétique.

Oui, il est possible d'aller voir un arbre pour soulager une peine ou un trop-plein d'énergies négatives, comme le stress, la colère, la peur, la tristesse… Pourquoi un arbre ? Parce que, dans ces moments-là, nous nous sentons souvent déracinés, vacillants, ou parfois désespérés, et nous avons besoin de nous recentrer. Dans ce cas précis, on va vers un arbre qu'on a choisi, et avec beaucoup de respect et de douceur, on prend contact avec lui en le touchant. À travers une demande sincère qui vient du cœur, on lui demande s'il veut bien nous aider à libérer cette peine, et l'on ressent si sa réponse est positive ou négative. Connaître cette réponse est tout simple. Si, juste après avoir fait cette demande, nos sensations sont bonnes, si nous ressentons un bien-être auprès de cet arbre, alors la réponse est oui. Si nos ressentis sont désagréables, si notre mental hésite et doute, cela veut sans doute dire que l'arbre préfère ne pas faire ce travail cette fois-ci. Car il est possible qu'un arbre refuse un jour, mais qu'il accepte le lendemain. Il peut avoir ses humeurs, comme nous. S'il dit oui, on peut ensuite le toucher, s'adosser tout contre lui ou l'enlacer. Puis on commence par une prière dans laquelle on prendra soin de bien formuler la demande qu'on veut lui adresser. Une prière, en chamanisme, n'est pas un acte religieux ; c'est un acte sincère, intuitif, qui puise dans l'inspiration du moment. On demande que cet arbre, qui est déjà bien ancré dans la terre, soit à présent relié à travers ses branches à la Source. La Source est pour nous la lumière pure, la conscience pure et l'amour universel. C'est la source de lumière pure d'où provient notre essence, qui compose notre essence, qui est notre âme et l'esprit qui nous anime. On peut imaginer que les branches de l'arbre s'élèvent sans limites vers le ciel et s'élancent vers la source lumineuse qu'est le soleil. L'arbre est alors relié à la Source. Ensuite, on lui confie nos difficultés : ce qui nous pèse, ce qui nous paralyse, ce qui nous empêche d'être dans notre élan de vie. L'arbre va absorber les énergies ; à travers lui, elles vont monter et retourner à la Source, qui va les transformer. On reste ainsi quelques minutes pour permettre à la libération de se faire. Quand on se sent mieux, soulagé, on s'arrête en remerciant l'arbre de son aide et de sa générosité. Traditionnellement, nous faisons une offrande pour le remercier. Bien sûr, cette offrande doit être naturelle, biodégradable et compostable par la terre. Elle est donc obligatoirement bio, car il est inconcevable d'offrir des pesticides ou des engrais chimiques. Ce ne serait plus une offrande, mais bien un cadeau empoisonné. C'est une simple question de bon sens. La question à se poser est : l'offrande que je suis sur le point de faire est-elle saine pour la terre ? Si ce n'est pas le cas, abstenez-vous.

Les pratiques chamaniques sont sans aucun doute les pratiques spirituelles les plus anciennes connues et pratiquées par l'homme. Elles n'ont jamais disparu et sont toujours présentes un peu partout sur la planète. À mon sens, deux raisons expliquent leur longévité. Tout d'abord, une tradition chamanique authentique n'appartient à personne. Elle n'est régie par aucune hiérarchie, ce qui empêche les luttes de pouvoir et les conflits. Deuxièmement, le chamanisme s'est toujours adapté à son époque et à l'évolution en cours. Aujourd'hui, tout change très vite. Le besoin de remise en question et d'adaptation est devenu très fréquent. Le travail de décharge avec l'arbre, qui vient d'être décrit, en est un bel exemple. À l'origine, ce travail se faisait en confiant nos énergies perturbatrices à la terre, à travers les racines de l'arbre. La terre les compostait et les transmutait. Mais ces dernières années, cela a changé. Les esprits de la nature et les arbres nous disent de les confier directement à la Source. La terre est en souffrance dans beaucoup d'endroits sur la planète, elle est déjà bien trop polluée par l'activité humaine. La surcharger davantage, c'est désormais trop l'affaiblir. Il est donc tout à fait logique de diriger à présent ce genre d'énergies directement vers la Source. La Source n'a aucune limite, elle ne peut être polluée, fatiguée, ni surchargée. À présent, elle seule peut transformer toutes choses sans subir un impact négatif. Aujourd'hui, nous devons ajuster nos pratiques : nous devons arrêter de surcharger, d'affaiblir la terre.

Et nous pouvons bien sûr parler à l'arbre. Car quand nous lui parlons, nous nous exprimons aussi par notre attitude, notre ton, nos émotions. Or, l'arbre a ses propres capacités de réception. Grâce à la science, on sait aujourd'hui qu'un arbre entend des sons. Il a été observé que des plantes tout à fait isolées dans des pots en laboratoire orientaient leurs racines dans la direction d'une rivière juste en captant le bruit du ruissellement de l'eau. Et parler à un arbre se fait aussi naturellement que parler à une personne. Beaucoup d'entre nous parlent à leurs plantes en en prenant soin, et nombreux sont les jardiniers qui parlent à leurs plantations. On va donc à la rencontre d'un arbre surtout pour se confier à lui. On peut lui dire des choses qu'on a besoin d'exprimer, mais qu'on n'a pourtant pas envie de partager avec une autre personne. L'arbre peut être un auditeur attentif, garant de la confidentialité. Cet exercice peut se pratiquer souvent. Comme dans les deux pratiques précédentes, on entre en contact avec un arbre en lui demandant la permission de se confier à lui. S'il dit oui, on peut rester face à lui et lui parler, tout simplement. Bien sûr, on peut aussi s'adosser ou s'asseoir contre lui, ou encore l'enlacer. Si notre conversation n'a rien de négatif, alors il n'y a rien de plus à faire – juste lui parler. Mais si notre conversation est un moyen pour nous de nous décharger, dans ce cas, on fait d'abord à nouveau une prière pour demander à la Source de se relier à cet arbre à travers ses ramures et que tout ce que nous allons dire puisse s'évacuer à travers les branches pour rejoindre la Source qui va tout transmuter. C'est pourquoi, à la fin, on remercie l'arbre et on fait son offrande. C'est vraiment un bon moyen de se libérer. Se confier d'abord à un arbre peut même aider certaines personnes trop gênées ou mal à l'aise à se préparer avant un entretien ou une discussion éprouvante avec une autre personne.

Notons au passage que l'odeur est un autre moyen concret de communication. À l'instar des animaux, nous, les êtres humains, produisons des odeurs qui sont, à l'origine, des messages, des codes ; il y a l'odeur qui attire le partenaire potentiel, il y a l'odeur qui clame la peur et beaucoup d'autres odeurs, toutes porteuses d'une signification. Aujourd'hui, nous n'utilisons presque plus ce mode de communication : nous avons tendance à remplacer nos odeurs naturelles par des odeurs artificielles. Le règne végétal, lui, l'utilise toujours. Par exemple, certaines essences d'arbres reconnaissent les insectes qui viennent les assaillir et diffusent dans l'air des phéromones qui attirent les prédateurs des intrus.

☙ L'enracinement

L'enracinement est lui aussi un mode de communication spécifique. Il passe par le toucher, par le contact physique. C'est quelque chose de très courant et de nécessaire dans la pratique chamanique celtique, et très bénéfique dans la vie de tous les jours. L'enracinement aide à rester centré, lucide et présent, ce qui est indispensable à toute bonne pratique – énergétique, spirituelle ou autre – ainsi que dans notre quotidien. Un bon enracinement peut considérablement accentuer les bienfaits d'une pratique et améliorer vos journées. L'enracinement peut se faire tous les matins comme hygiène de vie, avant de commencer la journée. Il peut même se faire à distance en sentant, en visualisant ou même en imaginant le contact avec l'arbre. Mais nous allons prendre ici un exemple concret avec un arbre bien réel. Comme précédemment, on commence par prendre contact avec l'arbre choisi et on lui demande s'il veut bien nous aider à nous enraciner pour la journée. À nouveau, on ressent si sa réponse est oui ou non. Si c'est non, on le remercie et on cherche un autre arbre, et si c'est oui, alors on se place bien contre lui en s'adossant ou face à lui en l'enlaçant. On lui demande ensuite de nous aider à nous enraciner et on le remercie à l'avance. En contact avec l'arbre, on peut voir, sentir ou imaginer que notre dos, notre axe, se transforme progressivement en un tronc d'arbre identique à celui avec lequel on est en contact. Puis nos jambes commencent à leur tour à se transformer en racines. À chaque expir, elles poussent et plongent au pied de l'arbre. À chaque expir, le réseau des racines s'agrandit et se mêle aux racines de l'arbre. Celles-ci encouragent les nôtres à les suivre toujours plus loin, toujours plus profondément. Il n'y a plus aucune limite, tout devient possible, le réseau peut s'étendre bien plus loin que dans la réalité. Progressivement, on peut sentir par nos racines une force, une stabilité qui se met en place. Quand le ressenti est fort et bien posé, on peut sentir à travers ses racines la générosité de la terre, sa force et sa sagesse. Ensuite, comme le fait un arbre qui absorbe l'eau et les nutriments qui se trouvent dans la terre, on peut, au rythme des inspirs, laisser monter en soi, par l'intermédiaire de ses propres racines, l'énergie, la force et la stabilité de la terre. Progressivement, elle vient nous remplir et asseoir toutes ces qualités en nous. Une fois les racines bien en place avec l'énergie de la terre qui monte en nous, on peut ensuite commencer à voir, à sentir ou à imaginer que, par nos épaules et notre tête, des branches, elles aussi au rythme des expirs, s'allongent et se déploient en se mêlant à celles de l'arbre. Comme pour les racines, il n'y a pas de limites, tout devient possible, elles s'élèvent toujours plus haut, toujours plus loin. À chaque instant, des branches se déploient, des bourgeons s'ouvrent et des feuilles se déroulent. Elles finissent même par traverser les nuages et, par la suite, à sortir de l'atmosphère pour plonger dans l'espace et s'élancer vers une lumière éclatante, tel un soleil éblouissant qui les attire et où elles plongent. À présent, baigné de cette clarté, on peut sentir cette pure lumière, cette pure conscience et ce pur amour. Là aussi, comme le fait un arbre, on peut à chaque inspir se nourrir de cette lumière. Elle entre en nous par nos feuilles, puis s'écoule dans les branches pour descendre à travers le réseau des branches et entrer en nous par le sommet de notre tête. Comme l'énergie de la terre, elle vient à son tour nous remplir et se diffuser en nous. Avec l'aide de l'arbre qui peut amplifier le ressenti fort de cette connexion, nous sommes à présent bien enracinés et reliés. On peut alors le remercier et lui faire une petite offrande comme on l'a déjà expliqué plus haut.

❧ La communication en état de conscience modifiée : le voyage chamanique

En chamanisme celtique, nous distinguons plusieurs façons de faire. La première est le voyage chamanique. La science, et particulièrement la science quantique, pourra sans doute expliquer plus clairement le fonctionnement de ce niveau subtil ces prochaines années. On connaît désormais la fréquence dite de Schumann, qui est de 7,83 Hz, associée au battement du cœur de la Terre, avec laquelle les arbres sont en contact intime. Or, l'être humain, dans un état de conscience modifié, présente certaines fréquences cérébrales alignées sur cette fréquence de Schumann. Il est donc logique qu'une forme de communication soit possible sur une même fréquence. Le voyage chamanique que nous pratiquons est une méthode qui permet cette forme-là de communication. Dans notre tradition, nous utilisons un tambour frappé d'une manière monotone et répétitive. Le son monocorde induit cet état de conscience modifiée. On peut donc tout à fait être assis ou debout, adossé à un arbre pour communiquer avec lui par le biais d'un voyage chamanique. Le protocole qui consiste à lui demander la permission et à le remercier par une offrande s'applique ici comme à toutes les pratiques avec les arbres. Le voyage peut aussi se faire à distance, sans contact physique avec l'arbre. La demande, le remerciement et l'offrande se font alors dans une prière adressée à l'arbre. Dans un voyage chamanique, on peut échanger directement avec un arbre et dialoguer avec lui, comme avec une autre personne. Dans l'état modifié de conscience, on peut vivre le voyage chamanique comme un échange de sons, émis par une voix bien audible, ou comme un échange inaudible, télépathique. On peut aussi le vivre en images figées ou animées, ainsi qu'en couleurs, odeurs, ressentis… Mais ceci n'est pas le sujet de ce livre. Si vous souhaitez avoir plus d'éclairage sur le voyage chamanique et connaître les notions de base de la tradition chamanique celtique, je vous invite à vous référer à *Chamanisme celtique, une transmission de nos terres*. Par le biais du voyage chamanique, on peut donc poser toutes sortes de questions à l'arbre. On peut lui demander des conseils ou recevoir de lui un enseignement. Les arbres ont de vastes connaissances, ils ont beaucoup à nous apprendre. Pour l'instant, la science ne localise pas l'emplacement où se stockent la mémoire, les informations et l'expérience des arbres. Mais on sait qu'un arbre a une mémoire : il stocke des informations qui lui permettent de s'adapter constamment à son milieu. Des informations relatives à des traumatismes comme des épisodes de sécheresses sévères, même très anciens, qui peuvent influencer son comportement pendant de nombreuses années, ou des informations en temps réel, notamment relatives à la force des rafales qu'il subit, pour s'adapter dans l'immédiat, en régulant bois de tension et bois de compression. L'arbre enregistre donc des informations.

Bien sûr, un arbre n'a pas de cerveau comparable à celui de l'être humain, mais pour moi, il a bel et bien une

Communication avec les arbres

conscience. Si l'on considère les circuits cérébraux comme un réseau de synapses situés aux extrémités des neurones et que ce n'est pas le cerveau lui-même mais le réseau de synapses qui est en communication avec tout, on peut faire l'analogie avec les arbres ou les plantes qui, à travers leur réseau racinaire, sont en contact et communiquent avec tout. Parler de l'intelligence des arbres devient donc tout à fait normal, logique. De plus, on ne soupçonne pas l'ampleur du réseau racinaire d'un seul arbre, car nous ne le voyons pas, il est sous terre. Selon l'espèce, les racines d'un arbre peuvent couvrir une surface jusqu'à quatre fois plus grande que l'envergure de sa ramure. Il me semble logique que la mémoire des arbres se trouve donc dans les racines. À travers ce gigantesque réseau bonifié par les connexions du réseau racinaire des champignons, les arbres bénéficient d'un flux constant d'échanges et d'informations. Il est donc naturel de penser qu'ils acquièrent et détiennent des savoirs. Les arbres maîtres dont nous parlerons plus loin sont sans aucun doute les arbres qui ont le plus de choses à apprendre aux autres. Ils sont les doyens et les sages, témoins du passé. Eux-mêmes ont été initiés par leurs prédécesseurs, et certains maintiennent même en vie de vieilles souches qui peuvent avoir plusieurs siècles en les alimentant à travers leurs racines. S'ils le font, c'est bien pour une raison : ces souches anciennes ont une valeur. Parfois, il s'agit de vieux compagnons qui ont partagé un bout de chemin ensemble, mais parfois, ce sont des souches d'arbres qui ont vécu bien avant ceux qui les alimentent et les maintiennent en vie aujourd'hui. Pour ma part, il ne fait aucun doute qu'ils le font parce que ces vieilles souches transmettent de précieux enseignements.

Dans notre pratique, nous allons très régulièrement communiquer avec les arbres par le biais de voyages chamaniques. Les arbres sont des êtres merveilleux, ils nous sont très précieux. Ils sont d'extraordinaires conseillers et enseignants. Leurs messages sont simples et pleins de sagesse. Nous en verrons certains plus loin. Ce que je tiens à souligner ici, c'est que, du point de vue de notre tradition chamanique, les arbres sont des êtres vivants dotés de conscience qui ont beaucoup à nous apprendre. Lors d'expériences, on s'est aperçu que si l'on utilise des anesthésiants sur des plantes, comme ceux que l'on utilise pour « endormir » quelqu'un avant une opération, les effets sont exactement les mêmes : la plante perd ses moyens et ne réagit plus. On peut donc faire perdre conscience à une plante, la rendre inconsciente. Ce qui prouve que la plante est donc bien consciente.

Et au-delà de la conscience individuelle de chaque spécimen, il existe pour chaque espèce – comme pour l'ensemble des arbres de la planète – une conscience collective. Il en va de même pour nous, êtres humains, ainsi que pour les animaux et toute autre forme de vie. Par cette conscience collective, les arbres peuvent aussi communiquer entre eux au niveau planétaire. Ainsi, ils ne communiquent pas seulement entre voisins, mais aussi à (très grande) distance. Ce mode de communication à distance peut entraîner un changement global de comportement. Je suis convaincu que si des expériences étaient faites sur des arbres à très grande distance les uns des autres, on pourrait observer des modifications de comportement quasiment synchronisées en différents endroits de la planète. Des expériences similaires ont été faites sur les animaux et ont montré que, sans aucun contact physique, certains animaux modifient instinctivement leur manière d'ingérer des aliments : en se mettant à les laver avant de les manger, par exemple. Et nous, les êtres humains, nous parlons de l'air du temps, cette notion qui sert à désigner le fait qu'une idée semblable émerge simultanément en plusieurs endroits de la planète, sans que ses auteurs se soient concertés. Car nous sommes tous reliés à la conscience collective de l'humanité.

෬ Le voyage chamanique : observer l'arbre de l'intérieur

D'abord, on peut entrer dans l'arbre pour voyager en lui et le découvrir de l'intérieur. Imaginez : c'est comme une endoscopie de l'arbre. On peut ainsi se déplacer du bout des racines jusqu'aux extrémités des feuilles. Le but de ce genre de voyage chamanique est d'acquérir des connaissances et d'observer le fonctionnement de l'arbre de l'intérieur. On peut ainsi suivre le parcours de l'eau, des sels minéraux et autres nutriments qui montent jusqu'aux feuilles ; celles-ci sont de véritables usines de transformation. On peut ensuite suivre le parcours de la sève. On peut observer de près le phénomène de la photosynthèse. On peut découvrir les différentes couches de bois en partant de l'écorce : le liber, le cambium, l'aubier, le duramen et la moelle. Si l'arbre est pourvu de gui, on peut se rendre compte de la façon dont celui-ci s'est greffé sur son hôte. Les possibilités d'observation et d'apprentissage sont multiples, avec comme avantage que l'arbre ne subit aucun dommage. Bien sûr, il faut lui demander son autorisation, c'est une évidence.

❧ La fusion : s'imprégner des vertus de l'arbre

L'étape suivante est la fusion avec l'arbre. En plus d'être en lui, on se laisse également imprégner par lui. J'utilise souvent l'image de l'éponge que l'on plonge dans l'eau, qui explique bien le phénomène de la fusion. L'éponge va se remplir d'eau jusqu'à être totalement immergée. Elle se trouve alors dans l'eau tout en étant traversée et remplie par l'élément liquide. Mais l'éponge ne se dissout pas, elle reste bien elle-même. Ce phénomène s'appelle la fusion. On est à la place de l'éponge et on se laisse entièrement imprégner par l'arbre tout en restant soi-même. Le but de cette pratique est de s'imbiber des vertus et de la médecine de l'arbre. C'est un travail énergétique au départ, mais l'imprégnation peut avoir une action jusqu'au niveau cellulaire, et donc physique. Cela peut même être utile au niveau psychique si les vertus de l'arbre sont connues pour aider à travailler au niveau mental ou émotionnel. Mais si elle est très efficace dans tout travail sur soi, la fusion est aussi une manière de mieux connaître l'arbre. Elle nous le dévoile au niveau cellulaire. Être en lui et en même temps être imprégné par lui nous procure une compréhension, un ressenti plus en profondeur.

❧ La métamorphose : faire un avec l'arbre

Vient ensuite l'ultime niveau, la métamorphose. Cette fois-ci, en plus d'être en lui et d'être en fusion avec lui, on devient l'arbre en ne faisant plus qu'un avec lui. On est en lui et on est lui. On perçoit le monde comme il le perçoit. On prend conscience de l'ampleur de son réseau racinaire et de sa couronne en un instant. On ressent comment il fonctionne, comment il vit sa vie, comment il est en relation avec la terre et tout ce qui l'entoure. On a accès instantanément à ses savoirs et à sa mémoire, à son état d'esprit, à son tempérament. On s'aperçoit alors qu'un arbre est un maître en adaptation, car il ne peut se déplacer. Il est obligé de s'ajuster aux conditions de son environnement et d'en tirer le meilleur parti. En cela, il a beaucoup à nous apprendre. On se rend compte qu'un arbre dans une forêt partage des informations et communique avec l'ensemble de cette forêt. Sans se déplacer, il est donc tout de même au courant de ce qui anime cette forêt.

CHAPITRE 2

Les arbres : exemples pour un monde meilleur

Depuis la nuit des temps, les esprits de la nature ont toujours communiqué et transmis des messages aux hommes. Les éléments, le règne minéral, végétal, animal, ou autres, tous ont beaucoup de choses à nous apprendre et à nous confier. Et tout particulièrement les arbres. Nous apprendre à capter les messages les plus éloquents que ces êtres parmi lesquels nous vivons et dont nous partageons la vie nous transmettent par leur présence et leur mode de vie. Ils étaient là bien avant nous. Ils sont là partout autour de nous, dans les forêts, dans la campagne, dans les champs et les prés, les vergers, au bord des routes, dans les jardins, les parcs, dans les rues, sur les places des villages. Ils sont les témoins du temps et de leur environnement passés et présents. Or, nous, les êtres humains, sommes en train d'imposer des changements drastiques à cet environnement. Et eux, ces grands êtres végétaux, ne peuvent fuir ces nouvelles conditions qui leur sont défavorables. Il est urgent de leur prêter attention.

La plupart de ces messages nous viennent principalement de ceux que nous appelons, en chamanisme celtique, les arbres maîtres. Ce sont les vieux sages de leur communauté. Il s'agit généralement des individus les plus anciens, qui ont le plus de mémoire et de connaissances à partager. Ils sont en lien avec tous les autres arbres du secteur et leur transmettent leur savoir et leurs expériences. Ce sont des aïeux qui veillent sur leur descendance. La science peut aujourd'hui montrer le réseau que de tels arbres arrivent à couvrir. Il a été observé que les arbres les plus gros et les plus vieux étaient ceux qui avaient le plus de connexions avec les autres arbres dans leurs parages, et qu'ils transmettaient beaucoup de nutriments aux plus jeunes, plus particulièrement aux toutes jeunes pousses. Ils s'occupent donc bel et bien de leur progéniture. Les jeunes pousses de la même espèce que l'arbre maître sont un peu plus avantagées que les autres, comme dans une famille. Pourtant, ces arbres vénérables ne s'occupent pas uniquement des leurs, ils prennent aussi soin des autres.

❧ Être plus en harmonie avec l'ensemble de la vie

Les arbres sont des êtres apparemment immobiles. Ils poussent à un endroit et y demeurent tout au long de leur vie. Que voit-on, à l'œil nu ? Qu'un ensemble d'arbres, de végétaux plus précisément, s'accorde pour partager les éléments qui l'entourent : la lumière du soleil, les nutriments dans le sol, la place dans l'espace… Si l'on prend le temps de les observer, on remarquera ce partage, cette répartition des ressources disponibles. Et la pratique du voyage chamanique permet d'approfondir cette perception.

Nous pouvons prendre exemple sur eux, car ils sont un vrai modèle de vie en société. Ils tendent vers l'harmonie du groupe. On sait à présent que les arbres se partagent les nutriments à travers le réseau de leurs racines et celui des champignons. Ils le font le plus souvent assez équitablement. Les éléments forts donnent davantage et les plus faibles bénéficient de ce complément. Ils ne sont donc pas en compétition : chacun soutient chacun. La solidarité est un besoin pour eux ; ensemble, ils arrivent à faire baisser la température de l'air dans une forêt. Les arbres préfèrent la fraîcheur et l'humidité. Mais un arbre tout seul ne peut créer ces bonnes conditions. Seule une communauté peut le faire. L'union équilibrée et équitable fait donc bien la force, alors que l'individualisme affaiblit. Le fonctionnement en communauté est donc vital pour eux. On peut ainsi observer l'impact de la disparition soudaine de plusieurs arbres dans une forêt, à la suite d'une coupe de bois qui crée une trouée ou d'une tempête qui en déracine plusieurs au même endroit. Les arbres toujours debout en périphérie sont fragilisés et à la merci d'un prochain coup de vent, et les rescapés dans la trouée, isolés, ont de grandes chances de tomber malades. En effet, lorsque les arbres se retrouvent seuls, livrés à eux-mêmes, ils tombent malades. Sans le soutien des autres, ils sont vulnérables, alors qu'en groupe, ils prennent soin les uns des autres.

Voici un autre exemple qui peut s'observer chez les arbres, et qui n'est que le reflet de notre société humaine actuelle. On sait aujourd'hui que les plantations organisées d'arbres, qui servent à produire du bois, sont composées d'arbres solitaires. Les arbres ainsi plantés en rangs bien ordonnés, comme beaucoup de résineux, communiquent nettement moins les uns avec les autres, à l'inverse d'une forêt vierge qui se gère elle-même. De plus, ces arbres ont souvent les racines coupées ou abîmées lorsqu'ils sont remis en terre, ce qui altère énormément la communication et les échanges de nutriments entre eux. Ces arbres sont obligés de se débrouiller comme des individus isolés, même si on a l'impression qu'ils forment un groupe. Résultat : ils sont plus vulnérables, l'entraide communautaire est nettement diminuée. C'est tout à fait à l'image de notre société. Dans notre société occidentale dite moderne, la vie en communauté s'est délitée, chacun est de plus en plus livré à lui-même. Les générations sont cloisonnées. C'est l'individualisme qui prime, et qui nous sépare. Nous communiquons peut-être de plus en plus virtuellement, mais qu'en est-il de la réalité ? De la vie concrète, palpable ? De nos vrais liens avec les autres ? Nous savons désormais qu'il est temps de réapprendre l'importance de nos réseaux locaux, des réseaux bien réels de voisinage, de proximité, d'entraide, d'échanges. En ce sens, la forêt est un modèle de vie en société pour les êtres humains. Sans oublier que les arbres participent à la régénération de l'air que nous respirons.

Les arbres nous apprennent que vivre en lien les uns avec les autres renforce chaque individu. L'union fait la

Les arbres : exemples pour un monde meilleur

force. Nous en prenons conscience à de multiples occasions pendant les stages en nature. Quand un groupe est chargé de ramasser du bois pour constituer une réserve pour le feu, en cinq à dix minutes seulement, c'est fait. Une personne seule aurait mis un long moment à faire la même chose et se serait bien fatiguée.

Dans leur grande sagesse, les arbres nous invitent et nous encouragent à être plus en harmonie avec l'ensemble de la vie. Lors de stages, on me dit souvent : « D'accord, mais comment ? » Certains me disent qu'ils sont déjà très proches de la nature et qu'ils se sentent en harmonie avec elle. Alors, comment faire mieux ? Il suffit de garder chaque instant à l'esprit que toute vie, quelle qu'elle soit, a un impact sur son environnement. Donc, ma vie d'être humain telle que je la mène a un impact sur mon environnement. Quel est cet impact ? Si mon comportement et mes agissements nuisent à l'environnement, comment les arrêter ou les réduire au maximum ? Nous pouvons sans cesse progresser : réduire notre impact négatif et augmenter notre impact positif. Dans ce domaine, il n'y a pas de fin. S'adapter et se remettre en question constamment, voilà le moyen de s'améliorer encore et encore, chaque jour. Je me rends compte que si l'on y réfléchit sincèrement, on trouvera toujours des actes bénéfiques à poser. Soyons responsables et actifs. Secouons-nous un peu, sortons de notre inertie, de notre fainéantise. Il ne s'agit pas de déplacer des montagnes, il s'agit juste d'adopter les bons comportements, à notre mesure, dans notre environnement immédiat, avec les moyens et les possibilités à notre disposition, comme… les arbres. Il s'agit de tendre vers un équilibre juste. Stimulez-vous en vous invitant vous-même à devenir un chercheur, un explorateur d'un changement de plus en plus positif et sain pour vous, pour votre environnement et pour ceux qui y vivent.

Une méthode simple et efficace est la théorie par l'exemple. Nous l'avons adoptée en famille. Nul besoin de discuter ou de donner des explications. Les autres vous voient faire et cela leur fait prendre conscience de certaines choses. Si ça leur semble cohérent et juste, ils finissent par le reproduire à leur tour. Par exemple, lors de nos promenades dans la nature, seuls ou avec nos enfants, nous ramassons tous les déchets que nous trouvons. Nous croisons des personnes qui font également leur promenade, leur footing, qui promènent leur chien ; à force de se croiser, et de nous voir faire, certains finissent par le faire aussi. D'autres me disent : « J'ai pensé à vous l'autre jour, je suis arrivé dans un endroit où il y avait plein de déchets, j'ai sorti un sac et je les ai ramassés. » Nos enfants, sur qui cette méthode par l'exemple a des effets bien plus rapides que sur les adultes, voient désormais immédiatement les déchets sur les chemins et les routes et sont conscients du besoin de « soulager la nature », comme ils disent.

L'essentiel est d'être conscient de ce que nous faisons. Quand j'ai commencé à ramasser les déchets, j'étais en colère, indigné devant ce que je prenais pour un manque de respect. Puis ma colère s'est rapidement transformée en tristesse, en déception. J'ai compris que la plupart des gens qui jettent ces déchets ne sont tout simplement pas conscients de leurs gestes et de leur impact sur la nature. Ils le font par facilité, pour des raisons économiques, pour ne pas payer le ramassage des poubelles. Mais ils le font par ignorance, sinon ils ne le feraient sans doute pas, tout simplement. Peut-être très peu d'entre eux le font-ils avec l'intention de nuire à la terre. Nous le savons bien, aujourd'hui, notre air, notre eau et notre terre sont très pollués, et cette pollution génère des maladies, des problèmes de santé. Pourtant, nous en sommes les responsables. Posons-nous alors cette question : « Vais-je continuer à alimenter cette pollution destructrice du vivant, ou vais-je changer d'attitude et réagir ? »

La question est cruciale : nous vivons une époque dégénérée. Le mot est fort, certes, mais juste. Ces dernières années, nous vivons de grands bouleversements au niveau planétaire. On parle de la sixième extinction massive de vie sur Terre. La Terre a déjà connu cinq extinctions massives de formes de vie au cours des derniers 450 millions d'années. Chaque fois, 70 à 90 % des espèces ont disparu. La dernière extinction en date est celle des dinosaures, il y a 65 millions d'années, à la suite d'une chute de météorite. Aujourd'hui, les changements climatiques sont d'un autre ordre : ils sont générés par l'activité humaine. Et ils se produisent à une vitesse fulgurante. À présent, nous prenons conscience de l'ampleur des dégâts. Et certaines personnes entreprennent des actions de grande envergure pour limiter ces dégâts. Parfois, ces personnes sont même des enfants, comme Felix Finkbeiner, qui a développé l'idée de *Plant for the Planet* à neuf ans. Il en avait treize lorsqu'il est venu parler devant l'ONU, en 2011. Grâce à son association, en dix ans, 14 milliards d'arbres ont été plantés sur la planète. Et ce n'est pas fini.

Adopter des comportements plus sains pour l'environnement et pour la vie sur Terre est à la portée de chacun d'entre nous. Seulement, la routine de notre société étouffe encore trop cette volonté de changement positif. Et pour certains d'entre nous, tout changement apparaît comme une menace. À l'instar des arbres, nous pouvons aussi nous adapter au changement afin d'en tirer le meilleur parti pour la communauté des êtres humains. Or, cette responsabilité, c'est nous, les êtres humains, qui devons l'assumer aujourd'hui. Je n'y vois pas une charge ni un fardeau pénible à porter, mais bien l'opportunité de donner une impulsion pour une vie plus saine pour l'ensemble du monde. C'est une chance que nous avons de pouvoir donner l'exemple à nos enfants et petits-enfants. De leur montrer à quel point nous chérissons la vie et devons en prendre soin. Pour qu'à leur tour, ils posent des actes encore meilleurs que les nôtres, pour eux-mêmes et pour la planète. Personnellement, je ne suis pas pessimiste pour l'avenir. Comme les arbres, je pense que nous allons réussir à rester debout et à limiter les dégâts. Mais nous devons nous réveiller. Il est temps d'ouvrir les yeux à la réalité. Pour agir fort et vite, dans l'immédiat. Si nous pensons que tous nos efforts sont vains, alors nous allons droit dans le mur, c'est sûr.

Au fond de lui, l'homme n'est pas destructeur, mais il l'est par son inconscience. Prenons exemple sur les arbres, soyons conscients de notre environnement. Et de nos liens avec lui. Être sur terre en ce moment charnière ne relève pas de la malchance, c'est une occasion de rendre notre monde meilleur. Bien sûr, ce ne sera pas de tout repos. Mais il s'agit d'œuvrer pour une meilleure qualité de vie partagée par tous.

☙ Le modèle des cycles naturels

Une forme de mouvements les plus manifestes à nos yeux est celle induite par les cycles naturels. L'univers, notre système solaire, notre Terre ont leurs cycles. Les saisons, les marées, la Lune. La nuit et le jour. Nous-mêmes vivons selon une multitude de cycles. Le sommeil, la digestion, la respiration, les battements du cœur, la production d'hormones… Chaque instant, des cellules naissent en nous, d'autres vivent et d'autres encore meurent.

Les arbres nous le montrent : les feuilles changent de couleurs, puis tombent.

Rien ne se perd, tout se transforme. Tout est en perpétuel mouvement. Rien n'est figé ni stable pour l'éternité. Tout évolue, change et se modifie. Les repères changent constamment.

Si nous sommes conscients du cycle en cours, nous pouvons mieux nous y adapter. Restons vigilants. Sans cesse en lien avec notre environnement. Ce nouveau cycle qui commence est celui de la protection de la terre, de la nature, des animaux, des végétaux qui nous sont indispensables. Pour aller pleinement dans le sens de ce changement déjà amorcé, laissons tomber nos anciennes résistances, nos peurs face au changement.

Un arbre, une multitude de vies

Un arbre est un écosystème, animé d'une multitude d'êtres qui cohabitent et œuvrent ensemble. L'arbre présente des différences génétiques selon ses branches. Chacune peut avoir son propre génome, ce qui n'est pas le cas chez l'homme : chacun de ses membres, bras, jambes, présente le même génome. Si un arbre est composé de plusieurs génomes, il n'est pas un individu, mais une colonie. Il est donc une communauté, et lui-même se porte au mieux quand il vit en communauté. Quant à nous, nous savons que chacun d'entre nous est porteur d'environ cinq cents espèces de bactéries. Soit cent mille milliards de bactéries, dix fois plus que le nombre de nos propres cellules. Et ces différentes bactéries ont leurs propres gènes. Un gène sur cent présent dans notre corps provient de notre propre ADN. Les 99 % autres proviennent de l'ADN des bactéries

Les arbres : exemples pour un monde meilleur

qui vivent dans notre organisme. Nous sommes donc nous-mêmes un univers incroyable de formes de vies. Nous avons en nous-mêmes un magnifique exemple d'innombrables vies qui, accordées entre elles, vivent en harmonie dans un gigantesque écosystème. Toutes travaillent ensemble, toutes ont leur place et toutes évoluent ensemble.

Cet exemple, les arbres ne cessent de nous le montrer. Par leur simple présence, ils nous invitent à ne faire qu'un avec un tout en perpétuel mouvement.

Ne faire qu'un avec la Vie, c'est respecter la Vie. Être humble envers elle. Retrouver nos origines d'êtres *humains*, l'*humus*, dans une attitude de respect, d'*humilité*. Notre mode de vie actuel s'est bien écarté de cette humilité des origines : nous sommes loin de respecter l'environnement et la vie. Nous avons perdu la mesure de ce qui nous entoure. Hormis les peuples naturels, les humains se sont imposés dans leur environnement. Sur la Terre. Pourtant, force nous est de prendre conscience que la nature peut nous balayer, nous et nos constructions, d'un seul raz de marée, d'une seule tornade… Comme une averse efface sans peine des empreintes sur le sable ou dans la terre. Notre empreinte peut paraître légère, éphémère. Cependant, aujourd'hui, si nous ne sommes pas vigilants, notre empreinte peut être une blessure, une plaie pour la Terre. Même dans nos petits gestes et actes quotidiens.

Être bien enraciné pour être conscient. Quelle est notre empreinte ? Quel est notre impact dans nos petits gestes quotidiens ? Jeter un mégot par terre dans la rue, en forêt… Un mégot avec filtre met en moyenne un à trois ans pour disparaître dans la nature. À l'échelle mondiale, ce sont 4 300 milliards de mégots qui sont jetés chaque année dans la nature, soit 137 000 mégots par seconde. Un vrai désastre pour l'environnement : selon une étude publiée en 2009 par l'*International Journal of Environmental Research and Public Health*, les mégots de cigarettes représentent 845 000 tonnes de déchets chaque année, et un tiers de toutes les ordures collectées sur les plages. Mais les mégots font d'autres sortes de ravages : ils trompent les oiseaux qui les picorent. Les morceaux de mégots, impossibles à digérer, obstruent les petits systèmes digestifs, condamnant ainsi les oiseaux à ne plus manger, et à mourir de faim… Voici un autre exemple d'un plaisir éphémère pour l'être humain avec un impact nuisible durable pour la Terre : le sapin de Noël. En France uniquement, ce sont en moyenne 15 millions d'arbres qui sont coupés chaque année. Quinze millions d'arbres qui vont orner nos salons pendant quelques jours, et terminer dans les déchets verts… Pour l'ensemble du monde, on parle de plusieurs centaines de millions d'arbres.

La Terre ne peut pas composter les déchets au rythme où nous les jetons ou les enterrons dans la nature. Elle ne peut pas refaire pousser les arbres au rythme où nous les abattons aujourd'hui. Nous avons notre part à faire. Nous devons en prendre conscience. Avoir sur soi une petite boîte à mégots, un cendrier de poche, que l'on vide régulièrement dans une poubelle. Ou une petite boîte à chewing-gums… un chewing-gum met cinq ans avant de disparaître. Éviter le sapin de Noël naturel que l'on ne pourra pas replanter.

Il y a d'autres habitudes néfastes pour notre environnement que nous pouvons changer, comme celle de nous imposer là où nous passons. En randonnée, on peut voir trop souvent des petits coins merveilleux saccagés… On y trouve les emballages du pique-nique, les mouchoirs en papier souillés. Quand il ne s'agit pas des restes d'un feu, malgré les risques évidents dans des endroits boisés. Ces restes sont des cicatrices qui dénaturent le lieu. Là aussi, le plaisir de l'être humain est éphémère. Le temps d'une pause. Mais l'impact de son passage reste visible bien longtemps après. En plus, le feu sert souvent de poubelle où l'on brûle les déchets, ce qui pollue également l'air et le sol. Ce qui me choque le plus, c'est quand je trouve parmi ces déchets des emballages de produits bio. Alors oui, la conscience de manger plus sainement pour son propre organisme est bien présente. Mais c'est une conscience qui reste limitée à un intérêt personnel, sans tenir compte d'un impact plus large, d'une harmonie à retrouver avec notre environnement. Pendant les stages en nature, je précise toujours aux participants que ce n'est pas la nature et les conditions météo qui doivent s'adapter à notre confort ou à nos envies, c'est à nous à nous adapter à la nature et à ce qu'elle nous offre, quelles que soient les conditions météo. Une liane d'Amérique du Sud (*boquila trifoliolata*), qui grimpe et pousse d'arbre en arbre, imite les feuilles de chaque arbre (elle est capable d'imiter une douzaine d'espèces de feuilles) sur lequel elle passe. Elle le fait par simple contact, sans implanter de racines dans l'arbre. Elle reconnaît donc l'arbre avec lequel elle est en contact. C'est là une autre forme de communication que la science n'explique pas encore. Cette liane s'adapte à son environnement au point de se fondre en lui. Nous sommes invités à faire de même : apprendre à nous fondre dans la nature en la respectant et en l'impactant le moins possible. Pour cela, nous devons, comme la liane, connaître notre environnement, être conscients de notre environnement.

⚘ Médecine pour la Terre

Au début, dans les stages en nature, j'étais réticent, très embarrassé de confier les énergies lourdes aux arbres pour qu'ils les transmettent à la Source. Au contact intime des arbres, j'ai acquis la conviction que si on le faisait avec éthique, en leur en adressant la demande et en les respectant, il n'y aurait aucun problème. Ils transporteraient ces énergies qui ont besoin de retourner à la Source sans en être affectés. Cela m'a profondément touché : ces êtres que nous malmenons tellement nous proposent leur aide. Ensemble, tout est possible ! Ils nous invitent à unir nos forces, les leurs et les nôtres. Et quand nous le faisons, ils manifestent leur joie. Nous avons eu le bonheur de vivre un tel moment. C'était en octobre 2017, lors d'un stage de cinq jours en extérieur. Nous terminions par un rituel créé par tout le groupe et qui consistait à faire de la médecine pour la Terre, et tout particulièrement pour soutenir les arbres. La dernière phase du rituel avait lieu autour d'un très beau frêne, arbre maître de cet endroit. Son voisin immédiat était un magnifique chêne, autre arbre maître. C'était une très belle journée, le ciel était bleu, et à ce moment-là, il n'y avait pas le moindre souffle de vent. Nous étions tous allongés sur le dos, en cercle au pied du frêne, les yeux rivés sur son houppier. Et à la seconde où le rituel prit fin, le frêne lâcha une multitude de feuilles, et au même moment, le chêne fit tomber un grand nombre de glands. À cet instant, il n'y eut pas le moindre bruit dans la forêt, pas même un chant d'oiseau, et tous les autres arbres restèrent immobiles, comme si l'ensemble de la forêt retenait son souffle le temps que les deux arbres maîtres manifestent leur joie et leur gratitude pour ce que nous venions de faire. C'était un réel moment de bonheur, d'union, de communion avec les arbres et l'ensemble de la nature.

Nous sommes invités à pratiquer de la médecine pour les arbres, pour la Terre. Ce que nous appelons faire de la médecine pour la Terre en chamanisme englobe tout acte

Les arbres : exemples pour un monde meilleur

qui a comme intention de soulager, de soigner et de soutenir la Terre. Cette pratique a depuis toujours une très grande place dans les traditions chamaniques du monde entier, car la terre est considérée comme étant notre mère. La mère de l'ensemble de la vie. Cette vie dont nous faisons partie et qu'elle porte. C'est elle qui nous nourrit, qui nous loge et qui nous habille tous les jours de notre existence. Elle nous donne tout ce dont nous avons besoin pour vivre. Sans elle, le monde tel que nous le connaissons et la vie telle qu'elle existe ne pourraient pas être. Tout, absolument tout, provient de la terre. Pratiquer le chamanisme implique tout naturellement d'avoir un immense respect et une grande gratitude envers elle. Car sans elle, nous ne serions tout simplement pas. Cette notion fondamentale s'est perdue ; aujourd'hui, nous devons renouer avec elle. Comme nous l'avons vu, faire attention aux gestes de tous les jours pour limiter les dégâts et notre impact est une des médecines les plus puissantes, qui peut se faire tout naturellement au quotidien. Dépolluer l'environnement dans la mesure de nos moyens, en ramassant par exemple les déchets pour les recycler, est également une excellente pratique de médecine pour la Terre. Montrer l'exemple est encore une bonne médecine pour la Terre, car c'est en multipliant nos initiatives que nous serons plus efficaces. Prier dans l'état d'esprit du chamanisme, en parlant tout simplement avec notre cœur et dans l'inspiration du moment, pour le meilleur pour la Terre, lui transmettre notre soutien et notre amour est pour elle encore une bonne médecine. À sa mesure, chacun de nous peut faire beaucoup de bien à la Terre.

Et nous l'avons vu, nous ne confions plus nos énergies lourdes ou désagréables à la terre, mais à la Source. Cependant, nous continuons à utiliser le feu comme moyen de transmutation, car il est l'élément de purification par excellence. Quand on allume un feu pour un tel rituel, c'est toujours en faisant la prière qu'il soit relié à la Source. Dès ce moment, il devient un feu sacré créant le passage. La Source est pour nous l'origine unique de notre monde et de notre univers. On la représente comme étant pure lumière, pure conscience et pur amour. Tout ce qui est provient d'elle et retournera à elle. Elle est la Source ultime qui peut tout transformer, sans que rien ne puisse l'altérer. Tout ce que nous confions au feu est donc directement redirigé vers la Source.

Aujourd'hui, les arbres sont de précieux alliés. Nous devons prendre soin d'eux.

CHAPITRE 3

Le gui : la médecine sacrée des Celtes

Le gui était pour les Celtes la plante médicinale par excellence. À leurs yeux, il était un hôte sacré de l'arbre. Si aujourd'hui le domaine médical reconnaît au gui de nombreuses vertus physiques, dans notre pratique chamanique celtique, c'est uniquement avec l'esprit du gui que nous travaillons. Avec ses vertus énergétiques, qui en font une véritable panacée. Cela signifie que, dans notre pratique, nous ne consommons pas la plante physiquement. Nous ne l'ingérons pas, sous quelque forme que ce soit. Ni par voie orale ni par application cutanée. Le gui, employé au niveau physique, a un haut potentiel de toxicité pour l'être humain. Dans ce domaine, il faut avoir recours aux spécialistes, seuls capables de prescrire les dosages précis indiqués dans chaque cas. Cette expertise n'est donc pas de notre ressort, mais de celui des médecins.

Dans notre pratique chamanique, c'est son esprit que nous sollicitons. L'esprit de la plante n'est pas toxique. Sur le plan énergétique, la toxicité physique n'existe plus. Le gui est un pilier de la médecine dans la tradition chamanique celtique de souche gauloise que j'enseigne.

Quand il est utilisé pour un soin, il est souvent associé au genévrier, qui complète son action. Les deux réunis sont généralement plus efficaces, car ils associent deux vertus complémentaires : le gui soigne et le genévrier purifie.

On peut travailler en chamanisme avec le gui pour aider à traiter des problèmes physiques, mais aussi les causes psychiques, énergétiques, de maux. Tout en gardant à l'esprit que ce travail chamanique ne remplace en aucun cas les soins physiques ou le travail psychique. C'est un travail énergétique complémentaire à la médecine, si l'on suit un traitement. Le travail avec le gui ne se substitue donc pas au traitement médical, il le renforce par son action sur le plan énergétique.

Le gui est une plante singulière. C'est un arbrisseau, c'est-à-dire un végétal ligneux dépourvu de tronc, qui ne peut pousser que sur un arbre vivant. Ce sont les animaux, et tout particulièrement les oiseaux qui l'aident à se disséminer et lui permettent de se fixer sur d'autres arbres. En hiver, quand les baies sont mûres, certains oiseaux les mangent. Les graines ne sont pas digérées : elles sont protégées par la chair visqueuse du fruit et par l'enveloppe de mucilage qui n'est pas détruite lors de la digestion. Une fois rejetées par les fientes, ces graines sont dans les meilleures conditions pour germer. Si la fiente est tombée sur la branche d'un arbre vivant, toutes les conditions sont alors réunies. Autre possibilité : le fruit, visqueux, donc gluant à sa maturité, reste collé aux pattes ou au plumage d'un oiseau, ou même au pelage d'un écureuil qui passe par là. Lorsque l'animal se débarrassera de son petit fardeau collant, souvent en se frottant à une branche, celui-ci y adhérera. Il y a aussi certains petits oiseaux qui détachent les baies et les vident de leur pulpe directement sur la branche dont ils les ont décro-

Le gui : la médecine sacrée des Celtes

chées, car le fruit est trop gros pour qu'ils puissent l'avaler. Dans ce cas, les restes du fruit, dont les graines mises à nu, restent collés à la branche. Là aussi, la germination et la fixation ont beaucoup de chances d'avoir lieu. Enfin, le gui peut également se propager par rejets sur un même arbre. Ainsi les arbres garnis de nombreuses boules de gui sont-ils probablement très prisés des oiseaux : lieux de nichoirs pour la nuit ou points de passage très fréquentés.

Le gui est taxé aujourd'hui de parasite. D'hémiparasite, pour être exact. Car, par ses suçoirs, il absorbe une petite partie de l'eau et des sels minéraux de son arbre hôte. Il affaiblirait progressivement son hôte, raison pour laquelle il faut l'éradiquer. Pourtant, sa présence n'attaque pas les cellules de l'arbre, mais selon l'espèce sur laquelle il se trouve, il en modifie les vertus. Alors, une question peut se poser : pourquoi une plante avec autant de vertus médicinales

s'emploierait-elle à tuer son hôte, ce qui lui serait également fatal ? Dans ce cas, elle se pénaliserait elle-même. La science commence à nous dévoiler de nouvelles informations à ce sujet. On sait à présent que le gui transmet des anticorps sous forme d'enzymes à l'arbre hôte, ce qui peut l'aider à se protéger de certains champignons et parasites. On a même observé des arbres malades qui ont guéri après l'arrivée du gui sur eux. Donc oui, le gui peut aider son arbre hôte en le maintenant en vie plus longtemps. Tous deux unissent leurs forces et luttent ensemble, car si l'arbre meurt, le gui meurt aussi. Le gui peut reconnaître des dysfonctionnements cellulaires chez l'arbre hôte et y remédier grâce aux lectines, ces substances qui freinent la division cellulaire, ce qui ralentit la dégénérescence de l'arbre, et donc sa mort. C'est de ce processus que s'inspire l'emploi du gui dans le traitement des pathologies cancéreuses. Selon une ancienne superstition, le gui était tout le contraire d'un parasite : il était le cœur de l'arbre. En hiver, période propice pour l'abattage des arbres, le gui vert incarne le cœur vivant de l'arbre endormi. Autrefois, si un arbre porteur de gui devait être abattu, il fallait impérativement retirer d'abord tout le gui, car sinon, l'arbre était considéré comme invulnérable.

Le gui est dioïque : une touffe de gui est soit mâle, soit femelle. Même s'il est possible de voir deux touffes de genres différents imbriquées l'une dans l'autre, donnant l'impression d'une seule touffe mixte. Les touffes mâles et femelles portent des fleurs, mais seules les touffes femelles produisent des fruits. Ces baies mûrissent durant deux ans et ne tombent qu'au début de la troisième année. Dans nos forêts et nos campagnes, une centaine d'espèces d'arbres et d'arbrisseaux peuvent recevoir le gui : on l'observe le plus souvent sur les pommiers, les peupliers, les robiniers, les saules… Il affectionne aussi les sapins dont les branches toujours vertes le dissimulent bien. Le chêne est un très rare porteur de gui ; il lui opposerait une barrière chimique qui empêcherait le gui de s'implanter. Un chêne qui porte du gui a très probablement une déficience génétique. Mais un tel chêne était pour les Celtes un arbre sacré. Les Celtes vénéraient le chêne, ils vénéraient aussi le gui. L'union des deux était le signe d'une force vitale et médicinale exceptionnelle. Et c'est ce gui, récolté sur un chêne, que les Celtes tenaient pour être le plus précieux. Chez les Gaulois, les druides officiaient dans un rituel majeur au moment du solstice d'hiver. Il s'agissait de prélever ce gui sacré dans les jours qui suivaient le solstice, afin d'honorer et de fêter l'existence de cet arbrisseau aux pouvoirs et aux vertus extraordinaires. Toujours vert, il symbolisait l'immortalité. En plus de lui attribuer la capacité de guérir quantité de maux, on lui conférait celle de neutraliser des poisons ou d'assurer la fécondité des troupeaux. Les Gaulois l'appe-

Le gui : la médecine sacrée des Celtes

laient « celui qui guérit tout ». Pour honorer l'arbuste, un linge blanc, signe de pureté, était maintenu sous la branche afin que le gui prélevé ne soit pas souillé en tombant au sol. Toujours en signe de grand respect et pour préserver la pureté du végétal, c'était une serpette d'or qui servait à le couper de l'arbre.

Aujourd'hui encore, lors des fêtes de fin d'année, il est d'usage de s'embrasser sous des brins de gui accrochés au plafond ou au-dessus de la porte d'entrée, et de s'offrir une baie de ces brins pour se souhaiter longue vie. Je suis convaincu que cette tradition complètement déformée de nos jours vient directement de nos ancêtres celtes. Le gui comme le houx, accrochés en couronnes sur les portes d'entrée pour les fêtes de fin d'année, n'ont plus qu'une vocation décorative. Mais à l'origine, la pratique courante de nos ancêtres celtiques avait un objectif tout autre. Le gui empêchait la maladie d'entrer dans les habitations. On en mettait aussi dans les étables, les bergeries, les porcheries, afin de protéger les animaux…

Prélever le gui pouvait se faire à n'importe quel moment de l'année, mais la lune montante était considérée comme propice, ainsi que l'hiver, quand le gui est à maturité, gonflé de tout son potentiel. La manière la plus simple de récolter du gui est d'aller se promener sous les arbres porteurs après un orage ou des rafales. Vous trouverez souvent des feuilles, des rameaux, parfois même des touffes tombées à terre. Sinon, il faut chercher un arbre porteur de gui accessible sans devoir y grimper. Si l'on fait bien attention, ou trouvera toujours du gui à portée de main. Personnellement, j'en prélève souvent, sans jamais grimper à un arbre. Quand on vient de trouver du gui, avant de le prélever, on le touche pour établir un contact physique. On ferme les yeux et on lui adresse notre demande en toute sincérité de cœur. On dit à l'esprit de l'arbrisseau pourquoi on souhaite prélever une partie de lui. Il est important de bien justifier l'utilité de ce prélèvement. Dans notre cas, on lui explique que ce sera pour protéger notre maison et empêcher la maladie d'y entrer. Une fois notre demande formulée, on ressent la réponse du gui : elle est instantanée. Il n'y a que deux possibilités : oui ou non. Alors, comment savoir s'il dit oui ou s'il dit non ? C'est très simple, il suffit d'être très attentif à nos ressentis juste après avoir fait la demande. Si nos sensations sont bonnes et qu'on se sent bien dans son corps et dans sa tête, ce sont des signes positifs et agréables ; la réponse est donc oui. Le prélèvement est donc autorisé par le gui. Cependant, si après la demande on se sent mal à l'aise, on ressent des tensions dans son corps, alors pas de doute, le gui nous répond qu'il ne souhaite pas qu'on fasse de prélèvement. Dans ce cas, on le remercie et on se remet à chercher. Dès qu'on a retrouvé du gui accessible, on répète notre demande. Si la réponse est oui, on va prélever un ou plusieurs fragments, selon la taille de l'arbrisseau. Il n'y a pas besoin de serpette d'or ou de sécateur, les petits rameaux se cassent très facilement à leurs jointures. On ne ponctionne jamais une touffe entière, on en laisse au moins la moitié. De cette manière, le plant reste en vie. Une fois qu'on a prélevé ce qu'il fallait, on va généreusement prendre de notre salive avec notre pouce pour venir l'appliquer, la badigeonner, à l'endroit où l'on a cassé le rameau vivant. On appose notre salive dans l'intention qu'elle soit un baume apaisant et cicatrisant pour le gui, mais aussi en guise d'échange. Car le gui a offert une partie de lui, et par cette salive qui est notre ADN, on donne également une partie de nous. De retour chez soi, on peut procéder au rituel de protection de son habitat. On prépare autant de brins de gui qu'il y a de portes et de fenêtres avec un accès direct vers l'extérieur. À travers une prière adressée à l'esprit du gui qu'on s'apprête à accrocher, on lui demande de bien vouloir créer un rideau énergétique devant cette ouverture pour empêcher la maladie d'entrer, pour préserver la bonne santé de ceux qui vivent là. Vous l'avez compris, une prière en chamanisme n'est pas affiliée à une religion ; ce sont des paroles qui sont dites intuitivement et en toute sincérité sur l'instant. La demande faite, on remercie l'esprit du gui à l'avance pour la protection qu'il va à présent diffuser devant ce passage, et on accroche les rameaux au-dessus de l'ouverture concernée. L'esprit ne perd pas de son efficacité. Il a toujours le même pouvoir de médecine : on peut ainsi conserver une feuille de gui avec laquelle on travaillera sur soi toute sa vie, sans que son potentiel médicinal ne diminue en efficacité.

« Esprit » est un terme utilisé pour désigner des notions très diverses. Dans notre pratique chamanique, l'esprit du gui désigne le potentiel du gui qui est toujours bien présent dans les brins séchés que l'on peut conserver des années après les avoir prélevés. Des explications plus détaillées sur la notion d'esprit, ainsi que d'autres concepts fondamentaux de notre pratique chamanique celtique, se trouvent dans le livre *Chamanisme celtique, une transmission de nos terres.*

Au cours de l'année, on peut régulièrement réitérer notre demande de protection contre la maladie pour entretenir le processus, le garder actif. Traditionnellement, on renouvelle les brins une fois dans l'année, en général après le solstice d'hiver.

CHAPITRE 4

Connaissances et vertus des arbres selon la tradition chamanique celtique

Dans la pratique chamanique celtique, nous travaillons beaucoup avec les arbres. Il s'agit d'une véritable « hygiène de vie avec les arbres ». Voici quelques-uns des arbres les plus importants dans notre tradition. Nous les sollicitons pour leurs vertus énergétiques. Les arbres comme les plantes ont des vertus sur le plan physique, mais ils en ont aussi d'autres sur le plan subtil. Leurs qualités sont souvent très différentes en fonction du plan : c'est donc à un véritable panel de possibilités que nous avons accès.

Dans la grande majorité des cas, on sollicite l'esprit de l'arbre pour bénéficier de ses bienfaits énergétiques. Cependant, pour se relier à l'arbre, il est bon d'avoir un contact direct avec lui. Le mieux est de se trouver auprès de l'arbre choisi et de le toucher, de l'enlacer, de s'y adosser. Mais on n'a pas toujours la chance d'être à proximité de l'arbre qui convient le mieux. Les Celtes avaient une méthode simple et efficace pour avoir toujours l'essence de l'arbre souhaité à portée de main : ils se constituaient une réserve d'échantillons des différentes espèces. Ils gardaient tout particulièrement ceux des arbres qu'ils ne trouvaient pas dans les environs proches, mais avec lesquels ils travaillaient pourtant régulièrement. Ces échantillons, des morceaux de bois, étaient la plupart du temps des rondelles percées en leur centre et enfilées à une cordelette, en chapelet. Lorsque quelqu'un voulait travailler avec les vertus d'un arbre, il détachait la rondelle adéquate. Cette guirlande de rondelles de bois était pour eux une précieuse source de médecine : elle était accrochée à portée de main au-dessus de l'autel dans les foyers, ou dans le coin des plantes médicinales. Beaucoup de familles partageaient un même collier médicinal, mais chaque individu pouvait également posséder son propre collier médicinal, assemblé sur mesure.

C'est par l'intermédiaire du voyage chamanique qu'on allait à la rencontre de l'arbre pour bénéficier de sa médecine. Et très souvent, cela se faisait par le procédé de la fusion pendant le voyage chamanique. Comme on l'a déjà vu, dans ce travail de fusion, on est énergétiquement imprégné des vertus de l'arbre avec lequel on fusionne. Ce travail énergétique ne va pas remplacer un traitement médical ou d'autres soins physiques ou même psychiques, il apporte un complément énergétique souvent ignoré ou oublié. En effet, pour se soigner et guérir convenablement, il est bon de prendre en compte la combinaison de trois aspects majeurs : le physique, le psychique et l'énergétique. Dans notre société, on ne s'occupe la plupart du temps que du physique et du psychique. Ajouter un travail énergétique peut combler le manque et peut avoir des répercussions bénéfiques sur les deux autres plans. Nos ancêtres celtiques prenaient ces trois aspects en compte : ils les traitaient tous. Ils se soignaient physiquement avec des plantes, des minéraux… Ils se traitaient aussi psychiquement en confiant leurs problèmes aux anciens et aux sages. Et à travers leur pratique chamanique individuelle, ils faisaient un travail énergétique. Bien sûr, ils consultaient aussi le chaman ou le guérisseur.

Les arbres qui sont présentés ici sont parmi les plus connus de nos forêts et campagnes. En ce qui concerne leurs vertus, il s'agit d'une sélection qui touche aux aspects les plus courants et les plus importants que nous rencontrons dans notre quotidien. Ces arbres ont pour beaucoup des vertus spécifiques, et certains partagent des vertus similaires. Ce qui fait la différence dans ces cas-là, c'est le ressenti et l'instinct du moment, ou une préférence personnelle pour un arbre ou pour un autre.

L'aubépine : la retraite, la protection

L'aubépine est un arbre ou arbuste épineux, dont il existe plusieurs espèces. Elle était très présente dans les campagnes pour délimiter les champs. Elle forme une clôture épineuse très dissuasive et elle supporte bien la taille. Elle procurait abri et nourriture pour les oiseaux. Les fleurs blanches ou légèrement rosées sont très odorantes. L'aubépine est un excellent porte-greffe, particulièrement pour le pommier ou le poirier. Ses fruits rouges persistants en hiver sont une bonne ressource alimentaire pour les oiseaux.

Le bois d'aubépine est dur et résistant. C'est pourquoi il est apprécié en sculpture, en marqueterie, en tournage sur bois. Vu sa petite taille, il est utilisé pour fabriquer de petits objets : manches à outils, boîtes, moulins à poivre ou salières, peignes. C'est un bon bois de chauffage, réputé pour son excellent rendement.

Connaissances et vertus des arbres

Les jeunes feuilles et fleurs peuvent être ajoutées aux salades. Avec les baies, les cenelles, on peut faire des confitures et des gelées. Elles étaient parfois utilisées comme complément de farine dans des périodes de disette. Ses indications médicinales sont nombreuses et variées : ses fleurs, ses feuilles et ses fruits ont tous des propriétés curatives diverses.

L'aubépine, comme le sorbier, le sureau ou le houx, était une plante protectrice que l'on accrochait au-dessus des portes pour empêcher les mauvaises énergies d'entrer. Chez les Celtes, l'aubépine était l'arbre sacré des retraites, des quêtes de vision. La quête de vision est une retraite individuelle au cours de laquelle on s'isole dans la nature durant trois jours et trois nuits. Durant ce laps de temps, on ne bouge pas de l'endroit que l'on a choisi, et on est dans le silence et le jeûne. Les Celtes se préparaient à la quête de vision en pratiquant la fusion avec l'aubépine. Ils travaillaient avec elle le détachement des distractions superflues pour retrouver le souci de l'essentiel dans leur vie et pour pouvoir s'y consacrer pleinement. Pendant la quête de vision, l'aubépine favorise les remises en question, les prises de conscience qui vont modifier notre regard sur notre vie,

pour nous permettre d'être toujours plus en accord avec nous-mêmes. Aujourd'hui encore, nous pouvons travailler avec elle, avec ses qualités, pour nous préparer à une retraite spirituelle.

☙ L'aulne : la protection, la résistance, l'arbre de l'accouchement

L'aulne est un arbre qui aime les zones humides. Son système racinaire très développé est un bon support des berges. Le terme d'aulne glutineux fait allusion à la substance visqueuse qu'on trouve sur ses bourgeons et ses jeunes feuilles. Le tanin noir tiré de son écorce est employé en tannerie et en teinturerie. Ses bourgeons sont violets.

Son bois rougeâtre durcit au contact de l'eau ; il est imputrescible. De ce fait, il est souvent employé dans des constructions en milieu aquatique : piliers de ponts, bordures de retenues d'eau, écluses, pilotis. Il est lui aussi un bon bois de chauffage et produit un charbon de qualité. Le bois de l'aulne est aussi utilisé pour ses qualités acoustiques pour fabriquer des instruments de musique, notamment des guitares. On l'utilise également pour faire des meubles, des galoches, des sculptures. En phytothérapie, on utilise ses feuilles et son écorce.

Les Celtes appréciaient chez l'aulne ses qualités de résistance et d'endurance. Ils lui attribuaient aussi la capacité d'éloigner les mauvaises énergies. Ces qualités de force, de résistance, ils les reconnaissaient aussi chez le mélèze, le hêtre, l'orme, et les qualités de protection chez le houx, le sureau et le sorbier. Les Celtes utilisaient donc l'un ou l'autre de ces arbres, selon l'inspiration du moment, quand ils avaient besoin d'une de ces vertus.

L'aulne se distingue par le fait qu'il possède ces deux qualités réunies, auxquelles on avait recours dans un cas bien précis : lors d'un accouchement. On lui demandait son aide à travers un travail chamanique : il amenait la force, le courage et la résistance, ainsi que la protection de la maman et du tout-petit. Ce travail se faisait aussi pour soutenir les vaches, les juments et autres animaux domestiques au moment de mettre bas.

Aujourd'hui encore, une future maman qui pratique le chamanisme de notre tradition peut préparer son accouchement en faisant un travail de fusion avec l'aulne pour s'imprégner de ses qualités.

○₃ Le bouleau : le juste milieu, la pureté et la sagesse

Le bouleau est l'un des arbres qui ont le plus besoin de lumière, mais aussi d'humidité. En Europe, on trouve surtout le bouleau verruqueux et le bouleau pubescent. En général, les bouleaux s'acclimatent bien au froid. Par exemple, le bouleau pubescent supporte jusqu'à -40 °C. Les bouleaux sont donc nombreux en Sibérie. En tant qu'espèce pionnière,

le bouleau ne vit pas longtemps. Une centaine d'années seulement pour les plus vieux. L'écorce de bouleau est un formidable matériau, utilisé depuis très longtemps par de nombreuses civilisations. Dans les pays scandinaves et en Sibérie, elle était tressée en lanières et elle servait à fabriquer des chaussures. Les Amérindiens en habillaient leurs canoës. Elle permet de fabriquer des pots, des gamelles et autres récipients étanches, pour toutes sortes d'utilisations. J'ai eu la chance de voir les Tsaatan en Mongolie en août 2005 utiliser des ustensiles en écorce de bouleau. En Sibérie, elle servait aussi, sous forme de plaques, à couvrir les toits, puisqu'elle est imperméable. L'écorce est aussi un excellent allume-feu. Même quand il pleut. Il suffit de détacher la couche superficielle : celle d'en dessous est sèche et s'enflamme aussi bien que du papier. Son bois brûle très facilement grâce à son écorce qui contient des huiles essentielles. En Russie, sa fine écorce était aussi utilisée comme papier.

La poix de bouleau est la colle la plus ancienne fabriquée, en l'occurrence par l'homme de Neandertal : on a retrouvé en Allemagne, près de Königsaue, des vestiges d'outils, dont un qui porte la marque d'une lame et des cellules de bois. On sait aujourd'hui que pour produire cette glu, pour fixer la lame au manche, il fallait une technique très avancée – température et durée de chauffe bien précises de la résine – que l'homme de Neandertal maîtrisait.

La médecine et la phytothérapie reconnaissent au bouleau de nombreuses vertus : sève, bourgeons, feuilles et écorce sont mis à contribution.

Le bouleau est le seul arbre blanc, et par sa couleur, il incarne tout naturellement la pureté. Les Celtes recherchaient la proximité de cet arbre sacré pour leurs rituels du bâton de parole, pour être inspirés par sa sagesse et par sa parole juste et pure. Ainsi beaucoup de conflits se géraient-ils auprès des bouleaux pour trouver une solution avec un juste milieu. Car, comme le chêne et le frêne, le bouleau est un détenteur de la sagesse ancestrale. Aujourd'hui comme hier, on peut donc travailler avec lui sur toutes sortes de situations qui présentent un déséquilibre, pour trouver un juste milieu, rétablir l'équité.

❧ Le buis : la fertilité

Le buis, arbre ou arbuste, est surtout présent dans le sud de l'Europe, dans le bassin méditerranéen. Il est persistant. Certaines espèces dégagent une odeur bien spécifique. Il est particulièrement utilisé pour en faire des haies taillées.

Son bois est dur, lourd, résistant et très dense. Il est très apprécié par les sculpteurs, les tourneurs sur bois, et surtout pour la gravure sur bois. Il est employé pour la fabrication d'objets de toutes sortes : manches de couteaux, pièces d'échecs, objets de joaillerie, outils, planches à impression, robinets, jeux de quilles, boules, navettes de tisserands, peignes, mètres à plier, jouets, cuillères, fourchettes, règles, équerres. On en fait des instruments à vent, comme des flûtes, des clarinettes, des bassons, des hautbois. Certains luthiers l'utilisent aussi.

Ce sont principalement ses feuilles qui sont utilisées en phytothérapie.

Les Celtes considéraient le buis comme le symbole de la fertilité. Vert toute l'année, il représentait aussi l'immortalité. Les Celtes sollicitaient l'aide du buis, comme du pommier, pour tout problème lié à un manque de fertilité. Hommes, femmes ou couples qui ne parvenaient pas à concevoir un enfant faisaient un travail chamanique via la fusion avec le buis. Ce travail pouvait également se

faire pour mettre de son côté toutes les chances d'avoir un enfant avant même d'avoir essayé. Et comme l'aulne, on avait aussi recours aux pouvoirs du buis pour aider les animaux d'une ferme à procréer.

Et bien sûr, le buis était tout particulièrement sollicité pour stimuler la fertilité de la terre à la fin de l'hiver. Un rituel consistait à déposer des rameaux de buis sur les terres cultivées. On invitait l'esprit du buis à diffuser ces vertus de fertilité pour favoriser la bonne germination des semences. Aujourd'hui encore, dans tous ces domaines, on peut procéder de la même manière à travers la pratique chamanique.

ൠ Le charme : le savoir-vivre

Le charme est facile à reconnaître, il a un tronc lisse, gris verdâtre et cannelé. Sa durée de vie est assez courte, il vit rarement plus de cent cinquante ans. Ses feuilles se confondent souvent avec celles du hêtre ; en y regardant de près, on peut les distinguer, les feuilles du charme sont dentelées sur le pourtour, alors que celles du hêtre sont crénelées et bordées de poils. Un petit dicton rappelle bien cette différence : « Le charme d'Adam est d'être à poil », le charme a des dents, et le hêtre des poils. En automne et en hiver, le charme garde ses feuilles mortes, il ne les perd qu'au printemps, quand les nouvelles feuilles poussent. Il est souvent utilisé pour faire des haies taillées.

Son bois est blanc et très dur. Il est un bon bois de chauffage et produit lui aussi du charbon de bonne qualité. Il sert à la fabrication d'objets spécifiques : embauchoirs, pièces de pianos, manches de parapluies, quilles et boules, cuillères, jouets, traverses de chemin de fer, poteaux. On en faisait le joug des attelages de bœufs.

Le charme est lui aussi utilisé en médecine.

Les Celtes consultaient le charme pour tout ce qui touchait au savoir-vivre, y compris à l'apparence physique et à la moralité. Certains auteurs romains et grecs décrivaient les Gaulois comme des personnes ayant une très bonne hygiène.

Pline l'Ancien rapporte comment ils fabriquaient le savon, qu'ils ont inventé. Ils portaient un soin particulier à leurs cheveux, à leur barbe et à leur moustache. Ils accordaient également une grande importance aux tissus dont ils se vêtaient. Et ils excellaient dans la joaillerie et les parures. On a retrouvé des casques d'apparat, des boucliers et des épées finement travaillés.

Mais l'action du charme ne se limitait pas à la seule apparence : il enseignait surtout le savoir-vivre, le respect, la gentillesse, la générosité, la civilité. Aujourd'hui aussi, il nous aide à devenir une personne meilleure dans la communauté dans laquelle nous vivons. La pratique chamanique avec le charme peut se faire sans aucune modération : il a beaucoup à nous apprendre.

Le châtaignier : la survie, la protection dans les moments difficiles

Le châtaignier était surnommé l'arbre à pain, les qualités nutritionnelles de ses fruits permettaient de pallier le manque de céréales. Les châtaignes – il peut y en avoir jusqu'à trois dans une enveloppe brune, dans la bogue verte épineuse – sont très bien protégées. Jadis, le châtaignier, comme le pommier, était un arbre important du fait de l'apport considérable de nourriture qu'il garantissait durant l'hiver. Le châtaignier a une grande longévité : en Sicile, certains individus auraient quatre mille ans. C'est un arbre monoïque, et quand il fleurit, ses chatons mâles dégagent une forte odeur. Ses tanins en grande quantité repoussent les mouches et d'autres insectes : les araignées fuient son bois et l'on ne verra quasiment jamais une toile sur un châtaignier.

Le bois a de nombreuses utilisations : menuiserie, ébénisterie, charpentes, piquets de clôtures, tonnellerie, bois de chauffage, vannerie, pâte à papier... On s'en sert aussi pour faire les cerclages de barriques.

Les châtaignes peuvent se consommer sous plusieurs formes : farine, crème, glacées, grillées – ce sont les fameux « marrons » chauds qu'on achète dans la rue en fin d'année. On peut aussi les consommer en soupe, dans des salades, avec des légumes, dans des sauces, etc. Les feuilles de châtaignier peuvent aussi se consommer en tisane.

En phytothérapie, ce sont surtout les feuilles et l'écorce qui sont utilisées.

Pour les Celtes, le châtaignier était le gardien des hommes et des bêtes pendant l'hiver. Il est donc un allié puissant pour traverser les moments difficiles. Non seulement il fournissait de la nourriture qui se conservait durant l'hiver, mais, par ses enseignements, il était un allié précieux pour gérer au mieux les obstacles qu'il était possible de rencontrer durant l'hiver. Il était également beaucoup sollicité au cours de l'année ; les guerriers d'une armée en déplacement loin de chez eux, au cours de campagnes en territoire inconnu, le consultaient notamment pour les aider à garantir leur survie. Dans notre quotidien, nous pouvons toujours le consulter pour avoir son éclairage sur des situations de vie difficiles, lorsque nous ne voyons plus d'issue, de solution.

☙ Le chêne : la force vitale, la robustesse, la longévité, la sagesse

Les espèces de chênes sont très nombreuses ; à travers le monde, il en existerait environ quatre cents. Le chêne supporte plutôt bien le froid. Et il a un bon enracinement :

ses racines s'enfoncent profondément dans le sol. C'est son écorce riche en tanins que l'on utilise beaucoup pour tanner le cuir, de même que celle du pin. La forme de la moelle est spécifique pour chaque essence. Les branches de chêne dont le diamètre est inférieur à huit centimètres présentent une moelle en forme d'étoile à cinq branches.

Son bois a été beaucoup utilisé pour les charpentes, les traverses de chemin de fer, la boiserie intérieure, les planchers, les meubles. Au sec et bien protégé, il peut tenir des siècles sans bouger. Il est imputrescible et se conserve très longtemps. Il a donc lui aussi servi comme contreforts de berges, barrages, piliers de ponts, et surtout pour la construction navale. Il est très apprécié pour fabriquer ces fûts qui donnent un goût particulier au vin. C'est aussi un très bon bois de chauffage.

De la poudre de gland est également utilisée en guise d'ersatz de café très revigorant, recommandé pour les personnes nerveuses à l'estomac fragile. Mais attention : les glands ne peuvent être consommés directement, car ils contiennent beaucoup de tanins. Après les avoir décortiqués, il faut les faire bouillir plusieurs fois, jusqu'à ce que l'eau de cuisson soit claire. C'est le signe que les glands sont débarrassés de leurs tanins et qu'ils sont devenus comestibles. Il faut toutefois les consommer avec modération. On peut aussi en faire de la farine sans gluten. La phytothérapie reconnaît au chêne de nombreuses vertus.

Le chêne était lui aussi un arbre sacré pour les Celtes, un arbre auquel ils reconnaissaient une grande sagesse et des vertus nobles. Les Celtes vénéraient leurs arbres sacrés dans des rituels et des cérémonies. Ils avaient développé avec ces arbres de grands liens affectifs. Ils ont aussi appliqué dans leur quotidien les enseignements et la sagesse que ces arbres leur transmettaient.

Le chêne représente la robustesse, la résistance, la force tranquille et fiable, qui dure. On peut se reposer sur lui, il tient bon. Le chêne peut vivre des siècles. Il incarne la longévité et la sagesse. Pour les Celtes, de beaux chênes très anciens constituaient des endroits propices pour des cérémonies. Un chêne porteur de gui, très rare, devenait souvent un lieu sacré où l'on pratiquait des rituels de guérison avec le gui, mais aussi des rituels pour augmenter la force vitale de la communauté, ou de l'un ou l'autre de ses membres. Les Celtes aimaient également tenir des conciles près d'un tel chêne, pour bénéficier de l'inspiration de sa sagesse. Les Gaulois tout particulièrement ne pratiquaient aucun rituel sans la présence du chêne. S'il n'y en avait pas un sur le lieu du rituel, ils avaient alors toujours une branche de l'arbre sacré sur place.

Comme à l'époque des Celtes, il est bon de faire un travail avec le chêne pendant et après une épreuve pour le corps physique. On travaille avec sa force vitale lors d'un épuisement, d'un surmenage, mais aussi après une intervention, après une chimiothérapie, une radiothérapie, un traitement au laser… Il est aussi bon de bénéficier de sa force vitale au printemps, pour sortir de l'énergie de l'hiver ; dans ce cas, le travail se pratique sur plusieurs jours, comme pour une cure. D'une manière générale, pour sa propre hygiène de vie, on peut régulièrement faire des voyages chamaniques en travaillant la fusion avec le chêne pour bénéficier de ses qualités au quotidien, avant, bien sûr, de sentir par exemple les premiers effets d'une grande fatigue.

L'épicéa : la réincarnation

L'épicéa est le conifère le plus répandu en Europe. Beaucoup d'entre nous ont tendance à confondre le sapin, l'épicéa et le Douglas. Le sapin commun ainsi que le Douglas ont des branches horizontales ou redressées, alors que celles de l'épicéa commun sont en queue d'épagneul. Les cônes du sapin se dressent comme des chandelles sur les branches, alors que ceux de l'épicéa et du Douglas pendent des branches. Les aiguilles du sapin sont alignées, comme les dents d'un peigne, et se terminent par une échancrure visible à l'œil nu. On peut aussi voir une ligne verte bien marquée entre deux lignes blanchâtres sous ses aiguilles (voir illustration p. 117), alors que celles de l'épicéa sont plus broussailleuses et n'ont pas cette ligne nette. Les aiguilles du Douglas sont vert foncé et poussent en brosse sur la branche. Elles ont deux bandes vert clair sous l'aiguille et sentent la citronnelle. L'écorce de l'épicéa est brun rougeâtre quand il est jeune, puis devient brun gris avec l'âge, et l'on voit se former comme des écailles qui peuvent se détacher du tronc. L'enracinement de l'épicéa est traçant : son réseau racinaire reste en surface, alors que celui du sapin s'enfonce profondément dans le sol. L'épicéa commun est monoïque, avec des cônes mâles et femelles sur le même arbre. Il craint les vents violents. On peut voir régulièrement des épicéas déracinés en lisière de bois ; ce sont les plus exposés et les plus vulnérables. L'épicéa commun peut vivre facilement plusieurs siècles. En 2008, on a découvert en Suède un bosquet de très vieux épicéas communs dont l'âge a été estimé à cinq mille ans. Ils mesurent deux mètres de haut. Toujours en Suède, un autre épicéa commun, baptisé Old Tjikko, a également été analysé au carbone 14 : il aurait 9 550 ans. Lui mesure quatre mètres de haut. En réalité, l'arbre qu'on peut voir actuellement n'a pas

9 550 ans, mais l'analyse du bois mort sous ses racines dévoile le même bagage génétique que l'arbre vivant. Il a germé vers 7550 avant notre ère, à la fin de la dernière ère glaciaire. Sa surprenante longévité vient de sa capacité à se cloner lui-même à partir de son réseau racinaire. C'est donc sans doute l'un des plus vieux spécimens du monde.

Le bois de l'épicéa est apprécié pour la charpente, la menuiserie. On l'utilise pour la pâte à papier, la fabrication de pellets (granulés de bois), les ossatures, le bardage, ainsi que les planchers et les boiseries intérieures. En lutherie, on apprécie la qualité de sa résonance. Son écorce est utilisée pour la tannerie.

La phytothérapie a recours à la résine, aux bourgeons et aux feuilles de l'épicéa.

Dans la mythologie, l'épicéa est associé à la naissance. Les chrétiens l'associent également à la naissance de Jésus. Pour les Celtes, il était l'arbre de vie qui englobe naissance, vie, mort et renaissance. Il est le symbole de la réincarnation et du cycle complet de la vie. Les Celtes recevaient les conseils et les enseignements de l'épicéa pour se préparer au passage de la mort, début d'un nouveau cycle. Il était aussi interrogé sur le sens de la vie, et des cycles de vies et de morts qui se succèdent. Bien sûr, aujourd'hui encore, un praticien chamanique peut continuer à bénéficier à travers les voyages chamaniques de ces enseignements et de ces conseils dans ce domaine.

❧ L'érable : l'inspiration, la créativité

Il existe plus de cent espèces différentes d'érable dans le monde. En ce qui nous concerne, les vertus énergétiques principales sont identiques. L'érable qui nous intéresse est l'érable champêtre. Les samares, ses graines en formes d'hélices, peuvent s'envoler, portées par le vent, sur de grandes distances. Comme les autres graines, elles peuvent rester en dormance durant de longues années avant de germer quand les conditions sont propices. L'érable, comme l'if et le hêtre, supporte assez bien le manque de luminosité. Si la lumière lui manque, il ralentit sa croissance. Il peut patienter ainsi de nombreuses années jusqu'à ce que la situation change et que l'ensoleillement s'intensifie. Il se remet alors à pousser plus vite. En automne, les érables offrent un festival de couleurs flamboyantes, passant du jaune à l'orange et au rouge.

Les graines sont comestibles et très riches en protéines ; elles peuvent être grillées et ajoutées à d'autres aliments. Les Amérindiens consommaient les jeunes pousses et les graines germées au printemps, leur bénéfice nutritionnel et énergétique étant considérable. Les samares fraîches et vertes peuvent aussi être mises en bocaux et se conserver dans du vinaigre. On peut également manger les jeunes feuilles d'érable mélangées à une salade ou cuites et ajoutées à d'autres aliments. Dans les communautés amérindiennes, on le consommait sous forme de boissons fermentées, de sirop, de farine (à base d'écorce), de thé ou de bouillon pour la cuisine. L'eau d'érable fermentée peut donner de l'alcool et ensuite du vinaigre.

Son bois dur est utilisé surtout pour la construction, la menuiserie, l'ébénisterie, la sculpture, la tournerie, la lutherie. On en fait des meubles, des boiseries, des lambris, des moulures, des parquets, des planchers. On l'emploie

aussi pour des objets en bois qui doivent résister aux chocs : hélices d'avion, queues de billard, jouets, fuseaux, planches à découper, quilles, pistes de quilles, de bowling et de danse. En lutherie, on en fait des violons, des guitares, et d'autres instruments. C'est également un bon bois de chauffage.

On le sait aujourd'hui, les Celtes étaient des experts en métallurgie. Les Gaulois avaient inventé un système très ingénieux : une chaîne à maillons à laquelle était accrochée l'épée du guerrier. Quand le guerrier courait, la chaîne se bloquait, empêchant l'épée de ballotter et de le faire trébucher sur le champ de bataille.

C'est l'érable que les Celtes consultaient pour trouver l'ingéniosité nécessaire afin de résoudre un problème technique, ainsi que pour développer leur inspiration et leur créativité artistique. De nos jours, nous pouvons nous aussi travailler notre inspiration et notre créativité, dans de multiples domaines, avec l'érable.

❧ Le frêne : la connaissance et la sagesse

Le frêne fait partie des arbres qui sont apparus les plus récemment sur Terre. Ses bourgeons sont toujours tout noirs, ce qui permet de le reconnaître facilement. Le frêne peut atteindre soixante-dix mètres de hauteur. Son réseau racinaire est très développé. Ses fruits, les samares, sont pourvus d'un aileron, se présentent en touffes et restent sur l'arbre en hiver, autre caractéristique qui permet de le reconnaître facilement et qui en fait une bonne ressource de nourriture pour les oiseaux et les écureuils en hiver. Ses feuilles, très appréciées du bétail, servaient parfois de complément de fourrage.

Connaissances et vertus des arbres

Son bois souple et résistant est apprécié pour des utilisations flexibles, résistantes aux chocs : manches de pioche, de pelle, barreaux d'échelle, rames et gouvernails, et plus anciennement raquettes de sport et skis, ou

encore hampes de lance, arcs et javelots – et même au néolithique : manches d'outils. Il est employé en menuiserie et en ébénisterie, et en bois de chauffage.

En remèdes, on utilise ses fruits, son écorce et ses feuilles.

Le frêne s'entend très bien avec le chêne, leur cohabitation est bien connue. Et il est intéressant d'observer leurs vertus énergétiques très similaires. Le frêne était lui aussi sacré pour les Celtes. Dans la mythologie nordique, le frêne est l'arbre de la création, l'arbre de vie, détenteur de tous les savoirs et connaissances. Il se nomme Yggdrasil. Une multitude d'histoires liées à Yggdrasil racontent différents aspects de la vie. Dans ces histoires, on découvre les trois mondes principaux, ainsi que les différents aspects de l'humain et de nombreux enseignements. Lorsqu'il s'agissait de tenir des conciles importants, c'est aussi la compagnie de vénérables frênes que l'on recherchait pour leur sagesse et leurs connaissances. Ces arbres étaient parfois situés dans des lieux particuliers qui donnaient à ceux-ci un statut de lieux sacrés.

C'est le frêne que l'on va consulter dans notre pratique chamanique dès qu'on a besoin de réponses à une question précise : il connaît tout sur tout. Et il incarne aussi par là même naturellement la sagesse. Comme le bouleau, le frêne sera toujours de bon conseil, juste et éthique.

෴ Le genévrier : la purification

Le genévrier est un arbuste au feuillage persistant, avec des aiguilles très piquantes. Le genévrier commun produit de très petits cônes mâles et femelles. Au cours de leur croissance, ils se soudent, et le cône femelle fécondé se

transforme en baie. Cette petite baie reste verte durant toute la première année ; au cours de la seconde année, elle devient bleu sombre et arrive à maturité. Il lui faut deux ans pour mûrir.

Le bois du genévrier est imputrescible : il était employé pour la fabrication de cercueils, de pieux et même de conduites d'eau. C'est un bois dur à plusieurs colorations, du jaune au brun rouge, qui était utilisé en tournerie pour la confection de pipes, de manches de couteaux, de crayons, de sculptures, de manches d'outils. Il servait aussi pour le fumage et le chauffage.

Les eaux-de-vie à base de baies de genévrier sont nombreuses. Ces dernières sont également consommées avec la choucroute et les plats de viande, pour leur parfum et surtout pour leurs propriétés digestives. Le genévrier était aussi appelé le poivre du pauvre. Les Navajos brûlent les branches de genévrier pour consommer les cendres généreuses en calcium. Mais les baies de genévrier se consomment avec modération, car un excès peut entraîner des troubles rénaux.

Le genévrier est un antiseptique très efficace ; dans l'Antiquité et au Moyen-Âge, il était brûlé dans les rues pour lutter contre les épidémies de peste et de choléra. Au XIXe siècle, chez nous, on pratiquait des fumigations avec son bois pour purifier les maisons et les lieux publics lors d'épidémies.

Les Celtes considéraient le genévrier comme l'arbre de la purification par excellence – la purification physique à travers sa fumée antiseptique, et la purification énergétique par l'action de son esprit. Tout peut se purifier avec le genévrier : lieu, terre, éléments, habitations, objets, êtres vivants, hommes, animaux… Nous verrons un peu plus loin comment s'en servir comme les Celtes.

❧ Le hêtre : la persévérance, la volonté, la patience, la force et la stabilité

Le hêtre commun est monoïque, il a des fleurs mâles et des fleurs femelles. Les fruits du hêtre, les faînes, sont, avec les glands du chêne et les châtaignes, les fruits forestiers les plus nutritifs pour la faune avant l'hiver. Ses racines sont superficielles, mais très étendues. C'est un bâtonnet de hêtre que les Germains utilisaient pour tracer les runes sur le sol.

Avec son bois, on fabrique des meubles, du parquet, des sabots, des pinces à linge, des traverses de chemin de fer, de la pâte à papier, de la tonnellerie, et il est un très bon bois de chauffage. On en fait aussi des pieds de chaise, des manches d'outils, des jouets, des cure-dents. Les cendres du hêtre entrent dans la composition de certains savons artisanaux. La combustion incomplète de son bois permet d'extraire du goudron. Par distillation, on obtient la créosote, qui sert à traiter les bois d'extérieur : piquets, traverses de chemin de fer, poteaux électriques.

Les nouvelles feuilles, bien tendres et comestibles, peuvent se mêler à une salade. Avec les graines, on peut fabriquer une huile délicate qui se conserve bien et qui peut être utilisée pour la cuisine et les vinaigrettes. Mais les graines et l'huile se consomment avec modération, car elles sont toxiques en grande quantité. La graine torréfiée du hêtre est elle aussi un bon substitut du café.

Le hêtre peut devenir un arbre très massif, comme le chêne. Leurs qualités sont très proches. Le hêtre incarne la persévérance, la volonté, la patience, la force et la stabilité. Un jeune hêtre à l'ombre de sa mère peut patienter des décennies, voire deux cents à trois cents ans, alimenté par les racines de sa mère avant de peut-être avoir la chance de s'épanouir si un vieil arbre tombe et libère un espace

que le jeune hêtre peut occuper pleinement. Si le jeune hêtre se trouve près d'un autre arbre, il va prendre son temps et pousser tout doucement. Année après année, ses racines vont se faufiler sous l'arbre voisin, jusqu'à occuper

le moindre espace disponible. De la sorte, il intercepte progressivement tous les nutriments destinés à son voisin. Et s'élève doucement, jusqu'à rejoindre les houppiers de ses voisins et percer la canopée. Cela peut parfois prendre cent à cent cinquante ans. La persévérance, la volonté, la patience, la force et la stabilité sont de rigueur. Une fois cet exploit accompli, il va généreusement déployer ses branches. L'arbre qui lui a fait de l'ombre au début de sa vie se trouve à présent à son tour sous son feuillage et commence à dépérir et, finalement, disparaît. Le hêtre finira toujours par prendre le dessus. Comme les Celtes à l'époque, nous pouvons aujourd'hui travailler avec le hêtre pour demander son aide dans toutes les situations compliquées où ses qualités nous sont d'un grand secours.

Le houx : la protection

Le houx est un arbre très résistant, il peut vivre jusqu'à trois cents ans. Le houx est dioïque, même si on trouve des individus monoïques. On ne trouve les fruits rouges que sur les houx femelles. Ces petites baies écarlates persistent tout l'hiver. Toxiques pour l'homme, elles sont une abondante réserve de nourriture pour les oiseaux, lorsque la nourriture cachée sous la neige en hiver vient à manquer. Le houx ne perd pas ses feuilles en hiver, il reste vert toute l'année. Certaines feuilles sont hérissées de piquants, d'autres pas du tout. Le même arbre peut avoir des feuilles piquantes et d'autres non. Le houx a la réputation d'être très coriace. Si on coupe un houx, il va très rapidement faire des rejets. Il va même resurgir par ses racines, juste à côté de l'arbre ou de la souche. Il sait donc aussi se répandre et se multiplier. L'exemple connu le plus marquant est le houx royal

de Tasmanie, dont l'âge est estimé à plus de 43 000 ans ; c'est un groupe de plus de cinq cents plants s'étendant sur plus d'un kilomètre de long, tous issus de la même graine.

Le houx a un bois très lourd, dur et massif. Il est utilisé en tabletterie, en marqueterie, en coutellerie, en sculpture, en lutherie, pour fabriquer des objets durs et résistants : engrenages, peignes, manches d'outils, sabots.

Ce sont les feuilles et l'écorce du houx qui sont utilisées en phytothérapie.

Le houx était accroché chez les Celtes au-dessus des portes et des fenêtres en guise de protection, pour empêcher le mal d'entrer dans la maison. On en voit encore de nos jours lors des fêtes de fin d'année. Aujourd'hui, il sert principalement d'ornement. Son utilisation originelle a été oubliée. Le rituel est le même que celui pour le gui, que nous avons décrit plus haut. Avant d'accrocher les brins de houx au-dessus des portes et des fenêtres, on lui fait la demande, dans une prière intuitive, de protéger la maison en déployant un rideau énergétique devant la porte ou la fenêtre pour empêcher les mauvaises énergies de passer. On le remercie à l'avance pour sa protection. On peut renouveler cette demande tout au long de l'année pour garder le processus actif. Les brins peuvent se remplacer une fois dans l'année, en général au solstice d'hiver. Mais les Celtes utilisaient aussi le houx pour installer une autre forme de protection. Une protection par anticipation, en prévision d'un événement précis à venir. De nos jours, cette protection peut s'avérer très efficace dans certaines situations : avant un entretien délicat, une rencontre que l'on sait compliquée, ou tout autre événement que l'on redoute. Si on utilise cette protection avec le houx, on veillera à l'installer quelques heures avant, ou la veille, pour que son efficacité soit optimale. Cette protection passe par la fusion avec le houx : nous nous imprégnons de cette qualité pour l'irradier ensuite spontanément. Il existe d'autres formes de protection que nous utilisons aussi. Dans ces autres pratiques, il s'agit d'activer la protection dans le moment même, quand on en ressent le besoin. Il faut alors réagir intérieurement et déclencher l'activation, la provoquer, alors que la protection par anticipation avec le houx va irradier spontanément la protection pendant plusieurs heures.

☙ L'if : l'arbre médecine, la longévité, l'immortalité

L'if est un cas à part. Il est classé dans les conifères alors qu'il n'a pas de cônes. Il est classé dans les résineux alors qu'il n'a pas de résine. L'if existe un peu partout sur Terre ; aujourd'hui, c'est un des arbres les plus anciens. L'if est un arbre de l'ombre, il ne lui faut pas beaucoup de lumière pour vivre. Il pousse lentement et son bois est très dur. Il est dioïque. Il peut vivre très vieux. On pense que certains spécimens ont plus de quatre mille ans, il est possible que l'un ou l'autre dépasse les cinq mille ans. Mais en réalité, il est très difficile de savoir exactement quel âge a un if, car à partir de trois cents ans, il commence à dépérir en son cœur pour devenir creux. L'arbre se porte très bien cependant, il n'est pas du tout en train de mourir : son bois extérieur est très dur et sain et poursuit sa croissance. Au bout de quelques siècles, l'if fait ainsi disparaître des pans entiers de lui-même tout en continuant sa croissance. Ses branches couchées au sol peuvent reprendre racine ; dans ce cas, un nouvel arbre pousse à la place du plus ancien. Cela peut donner lieu à des phénomènes spectaculaires : par exemple, un jeune arbre qui pousse dans le tronc creux de l'ancien. C'est ainsi que l'if ne cesse de se régénérer avec son aura d'immortalité, qui en

fait un arbre sacré. À l'époque des Celtes, il y avait encore beaucoup d'ifs dans nos campagnes. En certains endroits, on en trouvait même des forêts entières. Mais sa présence a considérablement diminué. Deux facteurs sont en cause : la fabrication de grands arcs très puissants, en très grandes quantités, jusqu'au Moyen-Âge, et le risque d'empoisonnement. L'if était tellement important jadis que certaines tribus s'identifiaient à lui : les Éburons – hommes de l'if – en Belgique, ou les Éburovices – guerriers de l'if – dans le département actuel de l'Eure. On sait aussi que des pratiques divinatoires ont été réalisées avec des baguettes d'if gravées de runes.

L'if est toxique. L'arille, son fruit, ne peut pas se confondre avec une autre baie : elle est rouge, avec en son centre un creux où se loge la graine. Ce sont les graines croquées qui dégagent une toxicité virulente. On soupçonne aussi l'if d'avoir été utilisé comme psychotrope pour atteindre des états modifiés de conscience, peut-être provoqués par la taxine. L'if produit en effet de la taxine vénéneuse sous forme gazeuse quand il fait chaud. Cette substance peut provoquer des nausées, des vertiges, des migraines, et même des hallucinations. Pline l'Ancien en parle dans un de ses écrits : selon lui, son poison diffusé dans l'air peut tuer des gens qui dorment sous l'arbre. On sait en effet que la taxine est un alcaloïde très actif qui peut provoquer jusqu'à une

paralysie respiratoire chez une personne exposée longtemps à de fortes doses.

Avec son bois à la fois très dur et flexible, on fabriquait de grands arcs, des manches d'outils ou de lances. Il est imputrescible et est très apprécié des ébénistes, des luthiers, mais aussi pour la marqueterie et la sculpture. Il peut présenter de multiples teintes dans un seul et même morceau : un dégradé très nuancé qui peut aller du jaune pâle très clair à un incarnat très sombre. L'enduire d'huile de lin donne un résultat magnifique.

On vient de voir que l'if est extrêmement toxique ; pourtant, la chair de la baie est comestible. Mais il faut impérativement enlever la graine au centre de chaque arille, ce qui est très fastidieux. Il faut donc une sérieuse motivation pour en faire de la confiture ou de la marmelade.

L'if, comme le gui, a des vertus médicinales, et il a été largement utilisé dans des traitements divers. Aujourd'hui, il serait imprudent de se lancer dans des préparations à base d'if ou de gui dans le but de les consommer pour se soigner : il faut une grande maîtrise des dosages de ces substances qui ont un réel potentiel toxique.

Comme le gui, son esprit est un puissant allié pour aider à traiter divers maux physiques, psychiques et énergétiques. Le travail chamanique avec lui se fait par la fusion pour s'imprégner de sa médecine et cibler les causes. On procède de la même manière que pour s'imprégner de ses qualités de longévité.

☙ Le lierre : la persévérance dans l'implantation

Le lierre, ou lierre grimpant, est une liane qui a des feuilles persistantes. Il peut atteindre plus d'une centaine de mètres

de long et peut grimper à plus de trente mètres. Il peut vivre entre cent et mille ans selon les conditions. Son cycle est décalé par rapport aux plantes dont il se sert de support. Il fleurit en septembre, octobre, et ses fruits sont mûrs en fin d'hiver, début du printemps. Il est donc très important pour les abeilles qui y trouvent encore une source de pollen juste avant l'hiver. Le lierre n'est pas une plante « parasite » : il se nourrit uniquement grâce à son propre système racinaire. Contrairement au chèvrefeuille et à la glycine, qui peuvent déformer considérablement l'hôte par étranglement, le lierre pousse sans gêner le flux de sève de son hôte. Il peut même protéger celui-ci en empêchant bactéries et champignons de s'y développer. Il offre de nombreux abris pour beaucoup d'animaux qui hibernent, et une bonne réserve de nourriture pour les oiseaux en hiver. Le lierre est aussi un très bon assainisseur de l'air, en particulier pour le benzène.

Pour les Celtes, le lierre était le symbole de la persévérance dans une implantation : il ne cesse de pousser et conserve son feuillage. Le travail avec le lierre était tout particulièrement employé dans l'agriculture. Les Celtes s'imprégnaient de sa persévérance lors des travaux très physiques et éprouvants dans leurs fermes : défrichages, labours et moissons. Le lierre était pour eux un exemple de persévérance qui progresse et se fixe plus solidement d'année en année, qualités nécessaires au bon développement d'une ferme, de ses habitants, de ses cultures, de ses bêtes. De nos jours, on peut aussi faire appel à ces mêmes qualités. Notamment pour trouver un rythme de progression équilibré dans une pratique spirituelle ou autre, dans un projet… La persévérance est une qualité que l'on peut travailler chaque jour avec le lierre.

❧ Le mélèze : la résistance, l'endurance

Le mélèze est l'arbre le plus résistant à de très basses températures, jusqu'à -70 °C. Il est l'un des arbres les plus présents sur la planète. Il compose en grande majorité la forêt sibérienne. C'est la plus grande forêt d'un seul tenant au monde : plus grande que l'Europe, elle recouvre 20 % des terres émergées. Le mélèze est également très présent en montagne, milieu dans lequel sa résistance lui permet de s'adapter. On le trouve beaucoup dans les Alpes. Son système racinaire est très fort, très large et très profond ; en cas d'avalanche, les mélèzes peuvent limiter l'effondrement de terrain. Son épaisse et robuste écorce peut le protéger du feu. Il est le seul conifère de nos forêts qui perd ses aiguilles en automne, comme les feuillus. Les bouts de ses branches sont très doux et souples. On peut en faire un bon matelas de sol tout moelleux. En Sibérie, il est une excellente ressource pour faire du feu : les arbres morts, qui restent debout, sont toujours secs et brûlent bien. Ses branches qui se consument rapidement permettent d'allumer le feu.

Son bois imputrescible est très apprécié dans la construction navale, dans la fabrication de bardeaux pour habiller des façades ou couvrir des toits, en menuiserie intérieure et extérieure. Il est également prisé en ébénisterie.

Il est l'arbre qui incarne par excellence la résistance et l'endurance. Les qualités du mélèze sont très proches de celles du hêtre, qui sont la ténacité, la volonté. On peut travailler avec le mélèze dans toute occasion où l'on ressent le besoin de résistance et d'endurance, quand le travail, l'activité, l'occupation en cours, nous demande des efforts, quand nous n'en voyons pas la fin. Ces efforts peuvent être physiques ; pendant une randonnée, on peut

par exemple s'arrêter un instant pour faire le travail chamanique en fusion avec le mélèze avant de repartir. Ou d'un autre ordre : sous la pression de notre rythme quotidien, il arrive que l'on se sente à bout moralement, émotionnellement…

❧ Le noisetier : la divination

Le noisetier, ou coudrier, est un arbre ou arbuste. Il rejette de souche : il peut être constitué de multiples troncs fins. Il vit en symbiose avec les truffes, qualité très appréciée de ceux qui les cultivent. Le noisetier est une des rares espèces végétales qui nous vient de l'ère secondaire (il y a 70 millions d'années).

Le noisetier est très prisé des vanniers. Avec ses perches, on fabrique des panneaux tressés pour la confection d'enclos, de carrés de potagers et de composts, des bordures de potagers et de sentiers et autres cloisons.

Au niveau alimentaire, les noisettes sont d'excellents fruits secs. Elles sont surtout employées en pâtisserie. Entières, en poudre, en farine ou moulues, elles donnent une huile excellente pour la santé. Les feuilles, les noisettes, les chatons et l'écorce sont employés en phytothérapie.

Le noisetier était pour les Celtes l'arbre de la divination. Ils l'utilisaient aussi pour chercher de l'eau. La plupart des pratiques divinatoires se faisaient directement au pied de l'arbre. On le contacte surtout à travers les voyages chamaniques.

↳ Le noyer : la sensibilité

Le noyer est monoïque. Il supporte très bien le froid, jusqu'à -35 °C. Il aime pousser isolé et en pleine lumière. Ses feuilles produisent un composé moléculaire, le juglon.

Quand il pleut, cette substance se répand dans le sol et empêche de nombreuses plantes de pousser autour du noyer. Pour éviter de se faire piquer par les insectes, on peut se frotter la peau, les mains et le visage avec ses feuilles. Suspendre des feuilles de noyer dans la maison éloigne les mouches, les fourmis et certains insectes. Des feuilles glissées sous le sommier le préserveront des puces. Le brou qui enveloppe la coque de noix contient un puissant tanin utilisé pour faire de la teinture brune, qui sert notamment de pigment pour des peintures à l'huile ou pour teindre le bois. Il est de nouveau utilisé dans des techniques de tannage et de teinture végétale.

Le bois du noyer est apprécié en ébénisterie pour la fabrication de meubles raffinés, mais également en sculpture pour son bel aubier. On l'utilise aussi en menuiserie : escaliers, habillage de cloisons, parquets, placards.

La noix est un excellent fruit sec. Manger régulièrement des noix ou consommer de l'huile de noix est très bon pour la santé, notamment pour le cerveau. La théorie des signatures voit dans la noix une reproduction miniature de notre cerveau. On la trouve aussi en poudre ou en farine, on en fait du vin et de l'eau-de-vie. On utilise les feuilles en tisanes et l'écorce en décoction.

Avec le noyer, c'est la sensibilité qu'on travaille. On peut lui demander de nous aider à développer notre sensibilité dans un domaine précis. En chamanisme particulièrement, on peut travailler avec le noyer le développement de nos perceptions pour communiquer avec le monde des esprits. On peut aussi lui demander de nous aider à atténuer une hypersensibilité. Aujourd'hui, l'électrosensibilité est un bon exemple de problème que l'on peut travailler avec le noyer.

☙ L'orme : la force, la résistance

L'orme a un bois très dur et robuste qui résiste très bien aux vents forts. Il a failli disparaître d'Europe à cause de la graphiose, une maladie propagée par un champignon dispersé par des insectes. Dans la région du Limousin, une communauté s'appelait les guerriers de l'orme : les Lémovices. L'orme porte aussi des samares, très différentes de celles du frêne qui sont composées d'une aile avec la graine à l'extrémité. Chez l'orme, la graine est logée au centre de la samare, elle est enveloppée d'une aile membraneuse. Comme pour l'if, on utilisait le bois de l'orme pour fabriquer des arcs.

Connaissances et vertus des arbres

Comme le bois de chêne, le bois de l'orme est imputrescible. Il est très apprécié pour les charpentes et toutes les constructions en contact avec l'eau : roues de moulins à eau, piliers de ponts, aménagements de berges, barrages, écluses. On en faisait aussi des roues ou des sabots. On l'utilise aussi en menuiserie, pour en faire des meubles, des escaliers, des aménagements intérieurs et extérieurs, des parquets, des bardages.

Il a de nombreuses propriétés médicinales.

Les qualités de l'orme sont très proches de celles du hêtre et du mélèze : l'orme incarne la force brute. Cette force était très utile aux Celtes étant donné les conditions de vie de leur époque : durs labeurs physiques au quotidien, maniements d'armes lourdes, combats au corps à corps. Mais ses vertus ne se limitent pas à l'effort physique, elles sont également utilisées pour avoir un mental d'acier. La combinaison de cette force brute sur les plans mental et physique était un atout souvent décisif. Aujourd'hui encore, on peut faire un travail chamanique de fusion avec l'orme pour accroître sa force physique et psychique.

ଔ Le peuplier : la solidarité, le savoir-vivre ensemble

Le peuplier aime bien les endroits humides, les bords de rivières, les zones marécageuses. Il supporte très bien les inondations. Son système racinaire très étendu reste superficiel. Il peut percer les murs, soulever et traverser le bitume,

envahir les canalisations. Comme le houx, le peuplier peut se multiplier par son réseau racinaire en produisant des rejets. C'est un arbre dioïque. Le peuplier faux-tremble ou le peuplier tremble sont des espèces forestières. Les feuilles s'agitent facilement au moindre courant d'air, ce qui lui vaut le nom de tremble. C'est dans l'Utah qu'on a relevé la plus grande forêt monoclonale : des peupliers faux-trembles qui s'étalent sur 43 hectares avec plus de 47 000 rejets, dont le poids total est estimé à 6 000 tonnes, ce qui en fait sans doute le plus grand organisme vivant au monde. Le peuplier peut aussi se reproduire par ses graines.

Le bois du peuplier est blanc et léger. Il est utilisé pour les charpentes, les ossatures, les panneaux lattés. On l'emploie aussi en menuiserie et en ébénisterie. On l'utilise également pour la fabrication de palettes, d'allumettes, de cageots à fruits et légumes, de literie. On en fait du papier et des plaquettes pour le chauffage.

La phytothérapie utilise ses bourgeons et son écorce.

Par sa capacité à créer des rejets, le peuplier symbolise l'union du groupe. Cette union qui fait la force et dont nous avons déjà parlé à plusieurs reprises. Les Celtes le consultaient pour toutes les questions qui touchaient à la cohésion du groupe, de la communauté. À l'époque, l'entraide, la solidarité étaient nécessaires à la survie. Aujourd'hui, on peut vivre seul, on peut aller faire ses courses seul pour se nourrir. Mais cet isolement est en réalité la cause d'une grande souffrance peu exprimée. Être en contact les uns avec les autres, connaître ses voisins, être connu de nos voisins, avoir un réseau et faire partie du réseau d'autres personnes, voilà ce qui alimente le flux constant de vie en nous. Ce qui nous donne une place dans la communauté des êtres humains. Dans ce domaine, le peuplier a beaucoup à nous apprendre.

❦ Le pommier : l'abondance, la fertilité

Il existe aujourd'hui plusieurs dizaines de milliers de variétés de pommes. En Europe, on en dénombre plus de 20 000. Mais seule une cinquantaine sont produites en très grandes quantités. C'est au Kazakhstan, son pays d'origine, qu'on trouve encore des forêts originelles. Certains de ces pommiers atteignent trente mètres de haut, ont deux mètres de circonférence et peuvent vivre jusqu'à trois cents ans. Durant des dizaines de milliers d'années, c'est grâce aux ours que la sélection des pommiers s'est faite. Ils consommaient de préférence les plus grosses pommes et les plus sucrées, puis, après digestion, ils en disséminaient les pépins. Comme dans le cœur de la branche de chêne, si vous coupez une pomme en deux dans le sens horizontal, vous y verrez la fameuse étoile à cinq branches.

Le bois du pommier est utilisé en menuiserie, tournerie, ébénisterie, en sculpture, pour fabriquer des instruments, dont des pianos, et comme bois de chauffage.

La pomme est un des fruits les plus consommés au monde. En France, on estime la consommation annuelle par personne à dix-neuf kilos. La pomme se consomme aussi en compote, en jus, en cidre, en vinaigre. On lui reconnaît de nombreux bienfaits pour la santé. Elle est généreuse en vitamines A, B1, B2, C et PP, mais aussi en oligo-éléments, comme le potassium, le cuivre, le magnésium, le chlore, le fer, le souffre, le phosphore.

Le pommier symbolisait pour les Celtes l'abondance et la fertilité, car dans nos régions, il est l'un des arbres qui donnent les plus gros fruits, et parfois en quantité impressionnante pour un seul arbre. La pomme était chez les Celtes une réserve de nourriture en hiver : certaines variétés se conservent plusieurs mois au frais.

Connaissances et vertus des arbres

Les Celtes allaient aussi consulter le pommier en cas de problèmes de fertilité touchant un homme, une femme, un couple, et aussi les animaux de la ferme. Les femmes qui voulaient augmenter leurs chances d'être enceinte faisaient un travail chamanique avec le pommier. L'homme faisait de même s'il avait des problèmes de fertilité. Le couple qui désirait un enfant venait aussi pratiquer des rituels au pied du pommier. Quant aux animaux inféconds, on les attachait plusieurs jours au pied d'un pommier en demandant à l'esprit de l'arbre d'imprégner l'animal de sa fertilité.

Les Celtes travaillaient aussi avec la fertilité du pommier pour favoriser l'aboutissement d'un projet – pour insuffler à ce projet l'énergie nécessaire pour qu'il voie le jour. Le pommier était aussi sollicité pour favoriser l'abondance. Aujourd'hui, un praticien chamanique peut toujours faire un travail chamanique avec le pommier pour développer la fertilité, la fécondation, l'abondance pour soi ou pour un projet précis.

❧ Le sapin : la médecine des voies respiratoires

Il s'agit du sapin blanc aussi appelé sapin commun, à ne pas confondre avec l'épicéa. Le sapin a des branches horizontales ou légèrement redressées, et des cônes droits comme des chandelles. Ses aiguilles sont disposées en dents de peigne, et sous chaque aiguille, on peut voir distinctement une ligne verte centrale bordée de deux lignes blanchâtres. La pointe de l'aiguille n'est pas très piquante ; elle est plutôt arrondie et se termine par une échancrure bien visible à l'œil nu. C'est sur le sapin et l'épicéa qu'on trouve le plus de gui, mais comme il est caché par les branches, on ne s'en rend pas compte. Les sapins sont monoïques. Les cimes permettent de distinguer facilement les vieux sapins des jeunes. La cime conique est l'apanage des jeunes ; quand ils vieillissent, la cime s'étale et devient tabulaire. En forêt, le sapin offre souvent un abri sûr, sous ses branches : une petite alcôve intime et bien au sec.

Le bois du sapin est employé en menuiserie, charpente et papeterie : ossatures, aménagements intérieurs, lambris, bardages, fenêtres et volets. C'est de la résine du sapin qu'est extraite la térébenthine.

Avec les bourgeons, on peut faire des liqueurs. Au Moyen-Âge, des moines cisterciens faisaient de la bière à base de bourgeons fermentés. Les Celtes utilisaient aussi les brins en cuisine, comme épices. Cela se fait encore de nos jours.

Pour les traitements à base de sapin, on utilise surtout la résine, les bourgeons et l'écorce. On trouve aussi des huiles essentielles, des sirops, des sprays, des gommes-résines, des baumes. Pour les Celtes, le sapin était un arbre médecine très puissant. Il était une de leurs plantes médicinales les plus employées. En chamanisme, on va travailler avec lui

toutes sortes de problèmes liés aux voies respiratoires. Le sapin est un bel exemple d'arbre dont les vertus physiques sont les mêmes que les vertus énergétiques. Le travail avec le sapin se fait également par un voyage chamanique, au cours duquel on fusionne avec lui pour bien s'imprégner de sa médecine.

⊗ Le saule : la souplesse

Le saule est un arbre d'eau. Il contient et renforce les berges des rivières grâce à son abondant réseau de racines qui peut couvrir plusieurs dizaines de mètres. Au contact de l'eau, ses racines développent comme de longues barbes aquatiques qui grouillent de vie. Une branche ou un bâton de saule vert repiqué reprend racine et devient un arbre. Certaines espèces de saules produisent une cire blanche à l'automne qui va les protéger durant l'hiver. Le saule blanc, ou saule commun, a des branches souples. Je me souviens que, gamin, on s'agrippait aux branches des saules pleureurs, on s'en servait comme liane pour sauter et passer les rivières. Le saule pleureur n'était pas encore présent dans nos compagnes à l'époque des Celtes, il n'est arrivé en Europe qu'à la fin du XVIIe siècle, en provenance du Japon – il est originaire de Chine.

Le saule est utilisé pour produire de l'osier très souple. Les jeunes pousses sont utilisées en vannerie. L'écorce des pousses, dont les longues bandes souples s'enlèvent facilement, est également utilisée en vannerie, ou encore tressée en liens ou cordelettes. Les branches plus grosses, tressées elles aussi, permettent de fabriquer de petites clôtures. Les panneaux tressés peuvent aussi servir pour la confection d'un enclos ou pour l'armature du torchis afin de boucher

les intervalles sur les maisons à colombages. Le bois a plusieurs utilisations : menuiserie, sculpture, charpentes, pâte à papier, manches d'outils, fusains, allumettes. Il est apprécié par les boulangers qui cuisent leurs pains au feu de bois, car il brûle vite et dégage une forte chaleur.

L'écorce de saule est connue depuis l'Antiquité pour ses vertus curatives. Hippocrate conseillait déjà une préparation à base d'écorce de saule blanc pour soulager les douleurs et les fièvres. L'écorce du saule blanc contient l'acide salicylique : l'aspirine végétale.

Le saule est un exemple caractéristique de vertus physiques très différentes des vertus énergétiques. Sur le plan énergétique, les Celtes travaillaient avec lui la souplesse, la flexibilité physique, mais aussi de caractère… Un caractère inflexible est source de souffrance pour la personne et pour son entourage. De nos jours, on peut donc toujours faire un travail chamanique avec le saule dès qu'on ressent le besoin de souplesse, de flexibilité dans une situation précise ou dans un aspect de sa personnalité.

◌ Le sorbier : la protection, le renforcement psychique

Dans cette description, il faudrait plutôt dire le sorbier et l'alisier. Les sorbiers ont des feuilles composées, alors que les alisiers ont des feuilles simples. Ils se ressemblent beaucoup, ils ont les mêmes fruits et appartiennent tous deux à la même famille : les rosacées. Il existe quatre-vingts espèces de sorbiers. Ce sont plutôt des arbustes que des arbres, et ils mesurent entre cinq et huit mètres de haut. Les fruits se présentent en grappes de baies orangées, rouges ou brunes. Elles persistent en hiver, ce qui peut constituer une réserve

de nourriture pour les oiseaux. Dans les légendes, le sorbier est très prisé des sorciers et des sorcières : toute bonne baguette est faite de son bois.

Le bois blanc, qui peut tirer vers le rouge brunâtre, est apprécié en menuiserie, ébénisterie, sculpture et tournage. On en fabrique des manches d'outils, des sabots, des rayons de chariots, des flûtes, des stylos, des bijoux, ainsi que des planchers, des boiseries extérieures et intérieures, du bardage, du lambris, des parquets.

Le sorbier des oiseaux – le sorbier le plus répandu – a des baies toxiques. Pourtant, sous certaines réserves, on peut les consommer. Cueillies avant maturité, elles seront bien meilleures. Une bonne cuisson annule la toxicité, et on peut en faire des confitures, des gelées, des compotes et du sirop. On peut aussi faire du vinaigre de sorbier.

En phytothérapie, on utilise ses fruits et ses feuilles.

Le sorbier était considéré par les Celtes comme investi de pouvoirs surnaturels, particulièrement pour lutter contre les forces obscures. Pour se protéger contre les enchantements. Il était aussi accroché au-dessus des portes des maisons et des étables, comme le houx et le sureau. Un rituel était destiné à protéger le bétail : on guidait celui-ci à travers des cercles de branches de sorbier pour l'immuniser contre les virus. Mais le sorbier était aussi connu pour augmenter les capacités psychiques et renforcer le mental. Il était l'arbre qui instruisait sur les aspects psychologiques de l'être humain. Il était consulté pour comprendre les troubles psychiques, pour en sortir. Aujourd'hui, lui aussi a beaucoup à nous apprendre, et c'est dans un voyage chamanique que l'on peut aller à sa rencontre.

Le sureau : la protection

Le sureau est un arbre de lumière. Il n'est pas très grand : de cinq à huit mètres. Il a une forte odeur plutôt désagréable qui provient des feuilles, tandis que ses fleurs sentent très bon. C'est assez paradoxal. Ses fleurs sont hermaphrodites. Le sureau noir est le plus répandu, il arrive qu'on le confonde avec le sureau hièble dont les baies sont toxiques. Les deux se ressemblent beaucoup. Le sureau hièble disparaît en hiver : c'est une herbacée vivace. Le sureau noir est un arbuste qui perd ses feuilles en hiver. Il a des grappes de fruits pendantes, alors que les fruits du sureau hièble sont bien dressés vers le ciel. On peut utiliser du purin de feuilles de sureau noir contre le mildiou et les pucerons. Il repousse même les rongeurs attirés par le potager. La préparation est simple : il suffit de laisser macérer environ un kilo de feuilles dans une dizaine de litres d'eau durant quelques jours. L'application se fait ensuite par pulvérisation.

Le bois du sureau est très léger. Les branches sont des tubes au cœur moelleux, qui fait penser à de la mousse. On peut facilement les évider à l'aide d'un bâtonnet, et l'on obtient rapidement un sifflet, un pipeau ou une flûte. J'ai vu dans un potager des tuyaux assemblés – segments de sureau évidés – qui permettaient de canaliser l'eau. Entre l'écorce et le bois, on trouve une sève visqueuse, on peut donc très proprement éplucher un bâton de sureau. On obtient là aussi un tube d'écorce. Pour les amateurs d'instruments naturels, cette particularité permet de fabriquer des pipeaux à coulisses. Les branches creuses sont idéales pour la confection d'un abri à insectes.

On peut faire du vin, de la limonade ou du sirop de sureau. Le sureau est aussi employé pour faire du colorant alimentaire. Avec ses fruits, on peut faire du jus, de la gelée

et de la confiture. Crues, les baies du sureau noir sont légèrement toxiques : elles peuvent provoquer des nausées, des vomissements et sont laxatives. Cuites, on peut les consommer comme on vient de le voir. Si on souhaite consommer des baies de sureau noir, on s'assurera qu'elles soient bien mûres.

Le sureau a de nombreuses vertus et on l'utilise dans de multiples indications.

C'est sa qualité énergétique de protection que l'on sollicite. Comme le houx, même s'il en est différent. Pour la protection d'un lieu, d'une habitation, d'une étable, d'une bergerie, d'un projet ou de nous-même, on peut, par la fusion, faire un travail chamanique avec le sureau pour s'imprégner de sa protection afin de se préparer à vivre au mieux une situation difficile, éprouvante.

○R Le tilleul : la régénération

La feuille du tilleul est facile à reconnaître : elle a la forme d'un cœur. Les fleurs produisent une substance couramment utilisée dans la confection de parfum. Les fleurs de tilleul constituent une grande réserve de nectar et de pollen pour les abeilles, mais certaines espèces contiennent du nectar toxique qui tue les abeilles. Le tilleul supporte bien des températures froides, jusqu'à -20 °C. Il nous est très familier par sa présence sur les places des villages, dans les jardins publics et en bordure de chaussée. On le voit beaucoup en ville, car il résiste bien à la pollution.

Son bois tendre a souvent un bel aubier et est très apprécié par les sculpteurs. On l'emploie aussi en ébénisterie, pour les charpentes ou en tournerie. On l'utilise pour fabriquer toutes sortes d'objets : crayons, allumettes, sabots, bobines de fil, ustensiles de cuisine, cadres pour tableaux, pinceaux, jouets, planches d'imprimerie, touches de piano, instruments de musique. Son écorce riche en fibres convient très bien pour les cordages, ficelles, paniers, voiles, toiles, nattes. Il produit aussi de la pâte à papier, et avec son charbon, on fabrique des fusains.

En alimentation, on peut obtenir du miel de tilleul. Ses fruits torréfiés peuvent s'utiliser en substitut au café. Ses vertus médicinales sont multiples.

La plupart des arbres qui sont décapités sont condamnés à mort. Même s'ils peuvent, pour certains, encore survivre quelques décennies, leur vie est très souvent écourtée. Mais un tilleul dont une tempête a arraché la tête a la capacité de la régénérer. D'anciennes histoires racontent aussi que cette capacité provient d'esprits puissants qui habitent l'arbre. Dans notre tradition chamanique celtique, le tilleul est semblable à la salamandre, qui a également la capacité de guérison par régénération. Comme le tilleul, la salamandre arrive à régénérer entièrement un membre amputé. Les Celtes faisaient appel à ses vertus de régénération lors de blessures graves ou d'amputations. Ces blessures étant monnaie courante à l'époque, les guerriers vénéraient tout particulièrement le tilleul. Les femmes qui venaient d'accoucher faisaient elles aussi un travail chamanique de fusion avec le tilleul pour s'imprégner de ses vertus de régénération. Aujourd'hui, une maman qui pratique selon notre tradition peut toujours faire ce travail avec le tilleul ; elle le fera le plus tôt possible après l'accouchement et ce, plusieurs fois. On peut aussi demander l'aide du tilleul pour guérir quand on vient de se couper, de se brûler, pour soigner une fracture, une entorse, ou pour se remettre plus rapidement d'une opération ou de traitements éprouvants pour l'organisme. Les possibilités sont vraiment nombreuses.

✃ Pourquoi ces arbres ne figurent-ils pas dans ce livre ?

Plusieurs arbres ne sont pas décrits dans cet ouvrage : la plupart d'entre eux n'existaient pas dans nos campagnes à l'époque des Celtes. D'autres ont des propriétés identiques à certains arbres déjà mentionnés.

Les pins, quelle que soit leur espèce, étaient connus pour avoir exactement les mêmes qualités que le sapin : la médecine des voies respiratoires, sur le plan physique et sur le plan énergétique. De plus, en général, les espèces eurasiatiques ou provenant du bassin méditerranéen que nous connaissons sont beaucoup plus répandues aujourd'hui qu'à l'époque des Celtes.

Les cyprès sont originaires des régions tempérées ou subtropicales de l'hémisphère Nord. Ils viennent d'Amérique du Nord ou d'Amérique centrale, mais aussi du Moyen-Orient, de l'Himalaya, de la Chine méridionale, du nord du Vietnam et de l'Afrique du Nord. On trouve le cyprès surtout dans le sud-est de la France et le bassin méditerranéen. Son influence très forte qui le lie à la mort nous vient des anciens Grecs. Dans ses *Métamorphoses*, Ovide raconte qu'un jeune homme, Cyparisse, favori d'Apollon, tua par accident un cerf qu'il adorait. Ravagé de douleur, Cyparisse voulut se donner la mort. Mais Apollon le changea en cyprès. Cet arbre devint alors un symbole mortuaire, un symbole du chagrin lié à la mort. Faut-il y voir une explication du grand nombre de cyprès présents dans les cimetières ? Cette métamorphose était aussi le moyen d'atteindre l'éternité par le cycle de la renaissance. Ainsi le cyprès est-il également associé aux cimetières, mais dans le sens où la mort n'est qu'un changement, qu'un passage vers la vie éternelle.

Le saule pleureur nous vient de Chine. Il fut importé en Europe à la fin du xviie siècle depuis le Japon. Le saule qui est présenté dans ce livre est le saule blanc.

Le marronnier commun, marronnier d'Inde ou marronnier blanc, nous vient des Balkans, du nord de la Grèce, de la Bulgarie et de l'Albanie. Son origine n'est donc pas indienne, bien qu'une de ses appellations soit « marronnier d'Inde ». Il n'est arrivé en Europe qu'au milieu du xvie siècle.

Les cèdres sont pour la plupart originaires du Moyen-Orient, de l'Himalaya, d'Afrique du Sud. Même si certains étaient sans doute déjà présents, ils ont été introduits en Europe pour la plupart entre le xviie et le xviiie siècle. Aujourd'hui, on recense en Europe de nombreuses espèces de cèdres, car ils se sont bien acclimatés. Le plus connu est sans doute le fameux cèdre du Liban.

L'acacia nous vient d'Australie, mais on trouve aussi de très nombreuses espèces en Afrique. Dans le sud de la France, il est appelé mimosa et il y a été cultivé à partir de 1850.

Le robinier, ou faux acacia, est originaire d'Amérique du Nord. Il a été introduit en France en 1601. Parmi les rejets de ces tout premiers exemplaires, certains sont toujours vivants à Paris, au square Viviani et dans le Jardin des Plantes. Ce sont les plus vieux arbres de Paris, et les plus vieux robiniers d'Europe.

Les platanes existaient en Europe au Crétacé, mais ils ont disparu à l'ère glaciaire. Le platane commun, ou platane à feuilles d'érable, est aujourd'hui le plus courant en France. Il a été hybridé en 1650 en Angleterre : il est le croisement du platane d'Orient et du platane d'Occident. Le platane d'Orient, qui provient des Balkans et de la Turquie, a été introduit en Italie vers l'an 390 avant notre ère, tandis que le platane d'Occident est très rare en Europe ;

il vient d'Amérique du Nord. Le platane était très répandu en Grèce dans l'Antiquité, il apparaît dans la mythologie grecque comme symbole de régénération : allusion à son écorce en plaques qui se régénèrent.

CHAPITRE 5

Esprits liés aux arbres dans la tradition chamanique celtique

☙ L'homme vert

L'homme vert, l'homme feuillu, ou l'homme chêne, est sans aucun doute l'esprit de la forêt et du règne végétal le plus directement lié aux arbres. Il est souvent représenté fondu dans un arbre, tout particulièrement le chêne. Ses cheveux et sa barbe sont des branches et des feuillages de chêne. Il connaît parfaitement le monde végétal, et bien sûr les arbres. Les Celtes le consultaient à travers des voyages chamaniques pour toute question en rapport avec les arbres ou le règne végétal, domaine dans lequel il était sans aucun doute l'enseignant par excellence. De nos jours, c'est à lui que nous pouvons adresser toutes nos questions en rapport avec les cultures et les plantations, les associations, la permaculture. Il est le meilleur ami des jardiniers qui pratiquent la tradition chamanique de nos ancêtres celtiques, car il a réponse à tout dans ce domaine. On dit que quand on se balade en forêt et qu'on voit un visage ou une

silhouette humaine dans une souche ou un tronc d'arbre, c'est un clin d'œil de l'esprit de l'homme vert.

Son effigie est un motif familier sur les sculptures et les gravures, sur le bois ou la pierre de nos bâtiments historiques : on la trouve encore dans des églises, des cathédrales, des châteaux… L'homme vert n'est pas l'apanage des Celtes. Il est commun à de nombreuses cultures, comme celles d'Asie, notamment d'Inde, où il est toujours en étroite connexion avec le règne végétal.

Les Celtes invoquaient l'esprit de l'homme vert lors de rituels spécifiques dédiés aux cultures, notamment celle du blé, pour favoriser la qualité des récoltes et remercier la terre et les esprits de la nature pour leur générosité. Dans ces cérémonies, un membre de la communauté incarnait l'esprit de l'homme vert.

Esprits liés aux arbres

ଔ Cernunnos

Cernunnos est le représentant de l'ensemble des esprits de la nature. Cernunnos occupe une place très importante chez les Celtes. Pour les Gaulois, il est un esprit majeur. Les esprits de la nature sont composés de sept éléments majeurs : les éléments terre, eau, air et feu, ainsi que les règnes minéral, végétal et animal. S'y ajoutent des règnes mineurs, comme celui des champignons et des lichens. Cernunnos est représenté coiffé de bois de cerf qui symbolisent la fertilité, ainsi que la vie et la mort à travers les cycles biologiques de la nature. Effectivement, le cerf perd ses bois une fois dans l'année, à la fin de l'hiver, ce qui représente symboliquement la mort. Au printemps, les bois repoussent ; c'est la naissance, la vie. Mais ses bois nous montrent aussi que nous avons affaire à un maître en métamorphose, c'est-à-dire un changeur de forme. Un maître en métamorphose est capable de se transformer pour

devenir intégralement l'être ou la chose en qui il se métamorphose. Il en acquiert alors automatiquement les savoirs et les connaissances. Cernunnos est donc le maître en métamorphose, capable de se transformer en tous les êtres, en tous les éléments dont la nature est composée. Il détient donc, dans leur intégralité, les savoirs et les connaissances liés à la nature et à tous les êtres qui y vivent. Il est une source inépuisable d'informations.

Cernunnos est souvent représenté avec un torque dans une main – collier traditionnel gaulois qui représente une protection pour celui qui le porte. Pour certaines personnes, le torque était un objet précieux : on y gravait au fur et à mesure le chemin de vie de celui qui le portait. Dans l'autre main, il tient un animal mythique très important chez les Celtes : le serpent Fleuve de Vie. Dans la mythologie celtique, ce serpent est à l'origine de la création de la vie sur Terre, et il en est également le gardien. Cernunnos est souvent représenté flanqué de paniers de nourriture ou d'une corne d'abondance, symbolisant la générosité de la nature lorsque l'équilibre du vivant est respecté.

Cernunnos est donc le maître incontesté de la nature et de la vie. On peut l'interroger à propos des phénomènes naturels, des cycles, des liens essentiels sur lesquels repose l'équilibre d'un écosystème, tout comme le faisaient les Celtes. Comme l'homme vert, il est un excellent allié pour qui souhaite approfondir sa relation à la nature qui l'entoure et le nourrit.

Yggdrasil

Yggdrasil est l'arbre du monde, l'arbre cosmique dans la mythologie nordique. Généralement représenté sous forme

Esprits liés aux arbres

d'un frêne, beaucoup plus rarement sous celle d'un if, il est un esprit, une figure symbolique qui enseigne sur tous les aspects de la vie. On peut le consulter à travers des voyages chamaniques. Il est la figuration des neuf royaumes, ou mondes, de la mythologie nordique. Ses trois racines principales plongent chacune dans un monde. Et toutes trois rejoignent trois sources : celle du devenir, celle de la mémoire et des connaissances acquises, et celle du destin. Yggdrasil est aussi l'hôte de différents animaux qu'il abrite. Chacun de ces animaux est important : dragon, serpent, cerf, chèvre, écureuil, abeille, faucon, aigle, coq… Beaucoup d'entre eux mangent les feuilles et les bourgeons de l'arbre : symbole qu'ils intègrent son enseignement. Leurs actes, leur comportement instruisent quant aux multiples facettes de la vie, de l'être humain. Ainsi l'écureuil Ratatosk, qui ne cesse de faire des allers-retours entre le pied de l'arbre et son sommet, sème-t-il la discorde par les messages qu'il délivre entre le dragon lové dans les racines et l'aigle perché à la cime. Les histoires sont nombreuses entre tous ces animaux…

CHAPITRE 6

Rituels avec les arbres

Dans ce chapitre, je souhaite partager quelques manières d'échanger et de communiquer avec les arbres. De donner et de recevoir des soins à travers des rituels avec eux, rituels classiques et courants dans notre tradition chamanique celtique. Nous les faisons très souvent, seuls ou en groupe.

❧ Se recharger énergétiquement avec un arbre

Commençons par un rituel pour nous charger en énergie avec l'aide des arbres. Ce rituel est tout indiqué quand on est fatigué, quand on sent qu'on manque d'entrain, quand on est déprimé. Il peut se faire avec un arbre ou avec une couronne d'arbres : des arbres qui se divisent à leur base en plusieurs troncs (tous issus du même arbre au départ) – ou bien des formations de plusieurs troncs en cercle assez serré, souvent soudés entre eux à la base (ce sont tous des arbres indépendants qui proviennent de rejets d'une souche unique bien plus ancienne). Ils se sont développés et ont grandi ensemble pour créer une couronne de trois, quatre, cinq, six arbres, laissant un petit espace vide en leur centre. Quand c'est possible, on choisira un de ces petits espaces abrités au milieu des troncs.

La première chose à faire est d'établir un contact physique avec l'arbre ou la couronne d'arbres. Les yeux fermés, on fait la demande d'être ressourcé énergétiquement, et comme on l'a déjà vu, la réponse nous parvient à travers nos propres sensations, positives ou négatives. Si le ressenti est négatif, on remercie et l'on réédite la demande à un autre arbre. Si c'est positif, on le remercie à l'avance et on peut commencer le rituel. On prend contact avec l'arbre en touchant son tronc ou ses troncs. On peut aussi l'enlacer ou s'y adosser, tout en restant bien debout. Intérieurement, on lui demande alors de bien vouloir nous transférer de son énergie afin de nous recharger. On laisse le transfert se produire, cinq à dix minutes suffisent. Durant ce petit rituel, on peut souvent sentir une force qui vient nous investir petit à petit, puis, soudain, on se sent rempli. À ce moment-là, on s'arrête et on remercie l'arbre ou la couronne d'arbres pour le transfert en déposant une offrande naturelle, comme nous l'avons déjà vu. Si l'on ne ressent pas ce petit signal indiquant que « le plein est fait », on restera vigilant à ne pas rester plus de dix minutes. Car un « trop-plein » peut provoquer un mal de tête et nous fatiguer encore plus. Au lieu de nous recharger, nous nous surchargeons. Il faut donc avoir la sagesse de ne pas être trop gourmand, même énergétiquement.

☙ Se laisser imprégner de la sagesse d'un arbre

Nous avons vu que les arbres sont des êtres d'une grande sagesse, dont nous avons beaucoup à apprendre. Voici un petit rituel pour se faire imprégner de leur sagesse. Le faire régulièrement va contribuer à faire mûrir la sagesse en notre for intérieur, à ouvrir toujours plus notre cœur et notre conscience.

On peut le faire avec un arbre maître ou avec un autre arbre qu'on connaît bien. On peut aussi le faire en se laissant guider par son intuition, en se promenant dans une forêt, en se laissant attirer par un arbre. Une fois qu'on a trouvé un arbre, on l'observe attentivement en prenant son temps, puis on le touche et on demande à se faire imprégner de sa sagesse. On sent ensuite si la réponse est oui ou non, et si oui, on le remercie à l'avance. Puis on peut le toucher ou l'enlacer, ou on peut aussi s'y adosser, assis ou debout, et on lui fait la demande de fusionner avec lui afin qu'il nous imprègne de sa sagesse. Comme nous l'avons vu plus haut, rappelons que la fusion est un travail chamanique, énergétique, qui consiste à se laisser traverser et imbiber de l'énergie ou des bienfaits de l'élément avec lequel on fusionne. Dans ce rituel, la fusion nous permet de nous imbiber de la sagesse de l'arbre. Les yeux fermés, on reste dans cette intention de fusionner avec l'esprit de l'arbre pour se laisser imprégner par sa sagesse. Et on ressent ce qui se passe, car cela peut se vivre avec les perceptions de tous nos sens. On peut rester quinze à vingt minutes ou même un peu plus, cela ne pose aucun problème. Ce n'est pas comme quand on refait le plein énergétique, où rester trop longtemps peut tourner à notre désavantage. Tout dépend de ce que vous venez de demander à l'arbre. Faire le plein en énergie n'est pas du tout la même chose que se faire imprégner de la sagesse de l'arbre. Le premier a un effet tonique, alors que le second favorise la prise de conscience et l'ouverture du cœur. Au moment d'arrêter, on demande à l'arbre de « défusionner » pour que chacun se retrouve dans sa propre énergie. Ça y est, l'imprégnation est faite, et à présent, elle se diffuse en nous. On n'oublie pas de remercier l'arbre, car c'est un formidable cadeau qu'il vient de nous faire. Et pour finir d'une manière équitable, on peut lui laisser une petite offrande.

☙ Faire de la médecine pour la Terre à travers un arbre

Ce rituel est une manière de faire de la médecine pour la Terre, par l'intermédiaire d'un arbre, en y associant les vertus de purification du genévrier et les qualités des soins du gui. Le faire par l'intermédiaire d'un arbre va permettre à l'arbre d'en bénéficier en même temps.

Pour faire ce rituel, on a besoin d'une feuille de gui et d'un brin de genévrier. On part ensuite à la rencontre d'un arbre qui nous attire. Comme dans les rituels précédents, on prend contact avec l'arbre et on lui demande s'il est d'accord pour participer à ce travail de médecine pour la Terre par son intermédiaire. Si oui, on prend le gui dans une main, on lui demande de bien vouloir diffuser sa médecine pour la Terre, et on le remercie à l'avance. On prend ensuite le genévrier dans l'autre main, on lui demande de bien vouloir diffuser sa purification pour la Terre, et on le remercie aussi à l'avance. On peut à présent appliquer les deux mains contre le tronc de l'arbre en y maintenant les deux plantes, tout en apposant son front contre son écorce, et on lui confie ensuite tout l'amour et l'énergie qu'on souhaite transmettre à la Terre. Les deux plantes vont diffuser leurs vertus dans l'arbre, qui va à son tour les envoyer à la terre via son réseau racinaire. Pour finir, on remercie l'arbre et les deux plantes d'avoir contribué à cette médecine pour la Terre, et on peut déposer les deux plantes en offrande au pied de l'arbre, pour la terre et pour l'arbre.

Planter un arbre pour célébrer une naissance

C'est un très beau rituel qui se fait après la naissance d'un enfant. Il se fait en général assez rapidement après la naissance, car on utilise le placenta. L'endroit et l'arbre auront été définis à l'avance par le couple, car c'est très souvent le père qui va le faire au lendemain de la naissance, la mère ne pouvant l'accompagner pour des raisons évidentes. De nos jours, il est plus compliqué de pratiquer ce rituel : tous les hôpitaux ne vous laissent pas repartir avec le placenta. On peut bien sûr le faire aussi sans le placenta. Ce rituel n'est pas l'apanage de nos ancêtres celtiques, il se pratique encore dans de nombreuses régions du monde. Sans le placenta, il peut se faire en famille, avec la maman, le bébé, les autres enfants s'il y en a et le papa.

Mais dans sa forme originelle, il est pratiqué par le père, avec le placenta. Avant la naissance, le couple aura choisi le lieu où sera planté l'arbre. Via un voyage chamanique, il aura demandé à ce lieu la permission d'y faire le rituel. Ce sera la même chose pour le jeune arbre choisi pour l'occasion : la demande lui aura été faite avant la naissance pour être sûr d'avoir son accord le jour venu. Le lendemain de la naissance, le père rejoint le lieu convenu pour planter l'arbre. Il apporte le placenta, la pousse de l'arbre et de l'eau pour arroser l'arbre. Il commence par tout déposer et faire une prière dans l'esprit chamanique. Avec sa sincérité de cœur et son inspiration du moment, il va remercier le lieu et l'arbre d'avoir accepté de contribuer à ce rituel. Il va ensuite creuser un trou assez profond au fond duquel il va déposer le placenta en faisant bien attention de diriger le cordon ombilical vers le haut. En faisant cela, l'intention est de confier la poche de vie dans laquelle le bébé s'est développé à la matrice de la terre mère. Car une fois nés, nous sommes tous considérés comme des enfants de la terre. Et c'est bien la terre qui est notre seconde mère à tous. Le placenta est ensuite recouvert d'une couche de terre, dont dépasse le bout du cordon ombilical coupé lors de la naissance. L'arbre est placé juste au-dessus, ses racines touchant l'extrémité bien ouverte du cordon. À ce moment-là, le père demande à l'arbre de se relier symboliquement au cordon par ses racines. Il comble ensuite le trou et arrose généreusement l'arbre. Pour finir, le père fait une prière pour remercier le placenta d'avoir permis le développement du bébé jusqu'à sa naissance. Il l'invite à nourrir symboliquement le jeune arbre, qui lui est désormais relié par ses racines et qui symbolise la vie qui vient de naître. Le père remercie la terre du lieu qui accueille cet arbre. Celle-ci est invitée à prendre symboliquement le relais de la maman en continuant à nourrir cet enfant durant toute sa vie. Puis, le père remercie l'arbre de symboliser cette nouvelle vie qu'est l'enfant, à présent relié à la Terre, notre mère à tous, et nourri par elle. Quelques jours plus tard, la famille pourra venir honorer l'arbre et le lieu en renouvelant les prières et en créant au sol autour de l'arbre un mandala, qui sera l'offrande familiale. Nous verrons dans le rituel suivant comment confectionner un mandala selon notre tradition.

☙ Planter un arbre pour favoriser un projet

Ce rituel est fait lorsqu'on a un projet qui nous tient à cœur et que l'on décide de tout mettre en œuvre pour qu'il aboutisse. Le rituel va aider à ancrer l'énergie nécessaire à la réalisation du projet. Il symbolise aussi l'établissement du projet pour qu'il puisse pousser, fleurir, mûrir et donner ses fruits. À nouveau, un lieu est choisi pour y planter un arbre. Il y a deux manières de le faire : avec une pousse d'arbre, ou avec une graine d'arbre. On aura également demandé au lieu et à l'arbre – ou à la graine – la permission de les utiliser symboliquement pour ce rituel. Si on le fait avec une graine, on peut la prendre en bouche jusqu'au moment de la planter. Elle sera ainsi stimulée pour germer. Pour commencer, on creuse un trou dans lequel on dépose une offrande naturelle qui symbolise le compost, le terreau, qui va aider à nourrir et à faire grandir l'arbre-projet. Il est important que cette offrande soit compostable et biodégradable par la terre. Elle est donc tout naturellement bio : fruits ou légumes que la terre nous a généreusement donnés, ou autres éléments naturels. On recouvre ensuite l'offrande avec un peu de terre, puis on plante l'arbre ou on rebouche le trou, et on met en place la graine pour qu'elle puisse germer. La plupart des graines d'arbres ont besoin de rester en surface pour pouvoir germer et se développer. Il faut donc s'être bien renseigné avant de planter la graine choisie. On confectionne ensuite un mandala tout autour de la pousse ou de la graine qui vient d'être plantée et arrosée. Un mandala se fait uniquement avec des éléments inertes trouvés autour du lieu où on le fait. Dans notre tradition, nous ne prélevons rien de vivant pour sa confection. Nous n'arrachons rien non plus à l'endroit même où nous le faisons. Si une plante se trouve là, on la laisse bien en place et l'on crée le mandala tout autour. Il ne serait pas juste de commencer à arracher des fleurs, de la mousse, des plantes, des feuilles d'arbres, etc. On respecte la vie présente. Et on compose le mandala avec des morceaux de bois, des feuilles mortes, des pommes de pin ou des cônes de sapin, des glands, de la terre de taupinières s'il y en a, des cailloux, des bouts d'écorces tombés, autant de petits éléments inertes que la nature nous offre à ce moment-là. Le mandala lui-même n'a pas besoin d'être rond, la forme n'a aucune importance. On se laisse inspirer le moment venu : le résultat peut être une composition de formes concrètes ou abstraites. Comme l'offrande, le mandala doit être entièrement compostable par la terre. On ne rajoute donc rien d'artificiel. Il est également bon de prendre le temps de faire le mandala avec soin, sans se précipiter. En général, on prévoit une demi-journée ou une journée complète pour ce rituel. Durant tout le temps de la confection du mandala, on reste dans l'intention qu'il symbolise l'offrande à la terre pour la remercier de nourrir et de faire pousser l'arbre ou la graine. Des chants peuvent bien sûr venir embellir le moment. On peut aussi offrir de la musique en jouant des instruments emportés pour l'occasion. Le but est de se laisser guider par son intuition du moment pour rendre cet instant joyeux et sacré. Bien sûr, si le projet est collectif, ce rituel peut se faire à plusieurs.

Quand le mandala est fini, on clôt le rituel par une prière avant de quitter les lieux. On remercie la terre de nourrir et de faire grandir l'arbre ou de faire germer et pousser la graine de notre projet. On remercie l'arbre ou la graine de symboliser ce projet, et on l'encourage à puiser dans l'offrande sous terre pour bien grandir et s'épanouir. On peut bien sûr régulièrement retourner voir notre arbre pour en prendre soin, l'honorer, l'encourager à pousser et lui donner de l'amour.

❧ Planter un arbre pour honorer la terre

Toutes les occasions sont bonnes de planter un arbre. Pas besoin de cause spéciale. Planter un arbre est toujours bénéfique pour la terre et la vie sur Terre. On peut donc planter un arbre pour toutes sortes de circonstances, ou sans raison particulière. Il n'y a pas de manière spéciale de le faire, il faut juste le faire avec sincérité et amour pour la terre et la vie. Comme on l'a déjà vu, il faut respecter une certaine éthique : demander la permission au lieu où l'on souhaite le faire et à l'arbre ou à la graine qu'on souhaite planter ou repiquer. On peut éventuellement ajouter une offrande au fond du trou, faire un mandala ou pas. On peut ajouter un peu de gui et de genévrier au fond du trou avant de planter l'arbre en demandant au gui de diffuser ses vertus médicinales pour que l'arbre reste en bonne santé, et au genévrier qu'il répande sa purification pour que rien ne vienne entraver la croissance de l'arbre.

⊗ Purification avec le genévrier

Comme on l'a vu, pour les Celtes, le genévrier est l'arbuste par excellence de la purification. Purification physique et énergétique. Mais dans la pratique chamanique, nous l'employons surtout dans le domaine énergétique. On peut tout purifier avec lui. Un lieu, un objet, une personne… Prenons l'exemple d'une maison. Pour commencer, on va préparer dans une pièce de la maison les éléments nécessaires pour faire le rituel de purification. L'endroit où va se dérouler le rituel n'a aucune importance. Il faut prévoir une bougie avec son support et de quoi l'allumer. Et aussi un bol vide et un petit brin de genévrier séché. Juste quatre à cinq centimètres de long, pas plus, cela suffit. Ensuite, on fait le tour de la maison, de la cave au grenier, et l'on ouvre toutes les portes de toutes les pièces intérieures, des couloirs, des cages d'escalier, les trappes du grenier et celles du vide sanitaire. Le but est que tout communique et que rien ne reste fermé. On peut aussi ouvrir une porte ou une seule fenêtre par niveau qui a un accès direct vers l'extérieur. Il faudra dans ce cas caler toutes les portes et fenêtres ouvertes pour éviter que les courants d'air ne les referment. Le rituel peut commencer. D'abord, on allume la bougie en demandant en toute sincérité de cœur que l'énergie de la Source vienne se relier à la flamme. On peut imaginer un faisceau de lumière qui descend tout droit se connecter à la flamme de la bougie. Cela crée un passage pour que tout ce qui a besoin de partir durant la purification puisse rejoindre la Source, qui a la capacité de transmuter toutes les énergies. Car le but n'est pas de repousser les énergies perturbatrices ailleurs, mais bien de les évacuer définitivement. Ensuite, on prend le brin de genévrier et on lui demande de bien vouloir purifier la maison, de la cave au grenier. Il est important que la demande soit précise, car le genévrier va faire uniquement ce qu'on lui demande. Par exemple, on peut lui demander de purifier la maison, de la cave au grenier, plus le terrain sur lequel elle repose. Il n'y aura pas besoin de préciser les limites, car un esprit lit instantanément en nous et connaît donc tout de suite ces limites. Après avoir formulé notre demande, on remercie à l'avance le genévrier pour son travail et on l'allume à la flamme de la bougie, reliée à la Source. On dépose ensuite le brin enflammé dans le bol vide, où il va s'éteindre assez vite et fumer un peu. Durant cinq à dix minutes, on peut demeurer tranquillement dans la pièce, en silence, avec l'intention d'encourager l'esprit du genévrier à purifier la maison. Ensuite, on peut éteindre la bougie, tout ranger, refermer les portes et les fenêtres, la maison vient d'être purifiée. Ce qu'il faut comprendre, c'est que ce n'est pas la fumée qui va purifier au niveau énergétique. C'est uniquement l'esprit qui va le faire. Il ne sert donc à rien de passer dans toutes les pièces et de tout enfumer. L'esprit englobe l'espace que vous lui avez demandé de purifier et fait son travail. Un détail pour finir : si pour une raison ou une autre, vous ne pouvez pas procéder à une fumigation, ce n'est pas un problème ; faites simplement la demande à l'esprit du genévrier de purifier l'espace. Il le fera tout aussi bien, car l'esprit ne change pas, avec ou sans fumigation, il reste le même. On peut se demander à quoi sert alors la fumigation. On fait ce rituel de la fumigation pour donner à notre mental des preuves concrètes du travail énergétique en cours. Notre mental et notre corps ont besoin de manifestations concrètes pour y croire. C'est précisément la fonction d'un rituel : rendre visible ce qui se passe dans l'invisible. Matérialiser physiquement ce qui se produit dans le subtil.

☙ Rituel du bâton de parole

Le rituel du bâton de parole est universel ; on le retrouve dans beaucoup de traditions chamaniques à travers le monde. Les Celtes le faisaient de préférence avec un bâton ou une branche de chêne, de bouleau, de frêne ou d'if. Ces quatre arbres incarnaient tout particulièrement la sagesse et l'éthique nécessaires pour ce rituel. Pour commencer, le groupe s'assoit en cercle et le bâton est placé au centre. Le rituel donne la parole à tout le monde. La première personne qui ressent le besoin de s'exprimer se lève, prend le bâton et parle. À partir du moment où une personne a le bâton en main, plus personne ne peut l'interrompre, ni réagir, ni faire de commentaires. Tout le monde écoute simplement, en silence. Quand la personne a fini, elle passe le bâton à son voisin de gauche. Celui-ci peut à présent parler. Si quelqu'un n'a pas envie de s'exprimer, il passe le bâton à la personne à sa gauche. Le bâton fait ainsi le tour complet du groupe. On peut se contenter d'un seul tour, ou en faire plusieurs si besoin. Quand plus personne n'éprouve le besoin de parler, le rituel s'arrête. La dernière personne à s'être exprimée va remettre le bâton au centre du cercle ; ce geste scelle le rituel.

Dans notre tradition, le rituel du bâton de parole permet le partage pour exprimer son vécu après un travail chamanique : hutte de sudation, rituel, cérémonie, rite de passage, travail de guérison… Il est bon de s'exprimer après un tel travail et d'écouter les autres échanger : cela peut susciter en nous des prises de conscience. Le bâton de parole est également très utile en cas de conflit dans un groupe, ou entre deux individus. Le rituel est sacré, personne ne coupe la parole à celui qui parle, chacun a donc l'espace pour s'expliquer. Or, c'est souvent en écoutant que l'on comprend comment la personne qui s'exprime vit le conflit et comment elle en est affectée. Dès ce moment, on peut chercher des compromis équitables, dans le respect de chacun, pour résoudre le conflit. C'est un outil simple et tellement efficace. Il est utilisé même en classe, en famille, en entreprise…

❧ Rituel de départ avant qu'un arbre soit coupé

Si un arbre doit vraiment être coupé, il est bon de faire un rituel de départ pour lui. C'est un rituel qui se fait de préférence la veille ou le jour même, juste avant qu'il soit coupé. Il est bon d'aller voir l'arbre dans un état d'esprit serein, humble, respectueux, calme et avec compassion. Votre attitude aura une très grande importance. Ce qui ne l'aidera pas, c'est si vous allez le voir en pleurs, peiné de le voir partir, ou en colère parce que vous êtes peut-être opposé à ce qu'on le coupe. Si vous allez vers lui animé de ces émotions-là, il les ressentira et les recevra. Au lieu de le rassurer, cela le stressera, et c'est bien la dernière chose dont il aura besoin. Il faut donc bien se préparer avant d'aller voir l'arbre ; il faut s'enraciner et se recentrer convenablement, dans l'intention de lui offrir un beau rituel d'au revoir. Dans les préparatifs, on peut prévoir des éléments pour fabriquer sur place une belle offrande pour lui. Bien sûr, tout doit être biodégradable et compostable par la terre. Tout d'abord, en arrivant près de lui, on prend contact avec lui, calmement et avec beaucoup de douceur. On peut le toucher respectueusement ou l'enlacer tendrement. Puis on le salue, et on lui explique que le moment de partir est arrivé. Il est important de lui donner les raisons valables pour lesquelles il faut le couper. Ensuite, on l'honore et on le remercie pour tout ce qu'il a amené de bon au cours de sa vie : sa formidable présence, sa beauté, sa participation à la vie sur Terre en contribuant à générer l'air indispensable, les fleurs et les fruits qu'il a généreusement donnés de saison en saison, les bons moments qu'on a vécus avec lui, le bonheur qu'il nous a apporté, les enseignements et les bienfaits qu'il nous a transmis, et ainsi de suite. Il faut lui faire cet hommage avec beaucoup d'amour, de tendresse et de compassion. On peut ensuite déposer à son tronc un peu de genévrier, en invitant l'esprit du genévrier à purifier ce qui a besoin de l'être pour favoriser le départ de l'arbre. On fait de même avec un peu de gui, en lui demandant de soigner ce qui a besoin d'être soigné pour favoriser le départ de l'arbre, et on remercie à l'avance les deux plantes pour leur travail et leur aide. Ensuite, traditionnellement, on confectionne une couronne décorative autour du tronc de l'arbre, au sol. Elle symbolise également la base d'un cylindre de lumière qui entoure le tronc et par lequel l'essence, l'âme et l'esprit de l'arbre peuvent monter à la Source. C'est dans cet état d'esprit qu'on la confectionne. Elle est composée uniquement de choses inertes provenant de la nature. Effectivement, il ne serait pas approprié de couper ou de prélever encore du vivant pour ça. Exactement comme pour un mandala. Pendant que l'on confectionne cette couronne, on continue à parler à l'arbre et à lui transmettre de l'amour. On peut aussi lui offrir des chants ou des poèmes. Une fois la couronne d'offrande terminée, on fait une prière à l'arbre pour lui souhaiter un bon voyage. On encourage son essence à rejoindre la lumière de la Source par laquelle il va poursuivre son chemin et sans doute revenir à travers une autre forme de vie. On lui explique aussi que ce départ n'est pas une fin définitive. Et on lui souhaite le meilleur pour ce nouveau départ. Pour finir, on peut lui offrir un chant, un morceau de musique, jouer du tambour. On quitte ensuite les lieux dans le calme et le silence. Les jours qui suivent son départ, on peut faire régulièrement une prière intuitive pour inviter son essence, son âme et son esprit à rejoindre la Source pour bien poursuivre son chemin.

CHAPITRE 7

Questions sur les arbres en lien avec le chamanisme et les esprits

Dans ce livre, il me semblait important de répondre aux questions que l'on me pose le plus souvent sur les arbres, en lien avec le chamanisme et le monde des esprits. Plusieurs de ces questions ont été abordées dans les chapitres précédents, j'espère y avoir répondu convenablement. Je remercie toutes les personnes qui m'ont transmis leurs questions à ce sujet.

⊗ Communication avec les arbres

Lorsqu'on entre en communication avec un arbre, son âge a-t-il une incidence sur le lien ? Par exemple, si j'entre en contact avec un très jeune arbre, aura-t-il autant à m'apporter qu'un vieil arbre ?

Chez les êtres humains, il est évident que plus on avance en âge, plus on a d'occasions d'apprendre, de vivre des expériences, d'acquérir une certaine sagesse et de pouvoir transmettre tout cela. Pour les arbres, c'est plus ou moins la même chose. Un arbre maître peut nous transmettre bien plus de connaissances qu'un autre arbre ou une jeune pousse. C'est d'ailleurs bien souvent lui qui transmet son savoir aux autres, qui les instruit. Mais comme nous, chaque arbre acquiert aussi sa propre expérience durant sa vie et peut la partager avec ceux qui sont près de lui. Le jeune arbre a déjà en lui, par l'intermédiaire de la graine, l'instinct de son espèce, mais ce sont surtout leurs mères proches qui vont initier les jeunes arbres à la vie et tout leur apprendre. Il y a pourtant quand même des cas où la jeune pousse détient déjà tout le savoir, les connaissances et même l'expérience du très vieil arbre : quand elle est un rejet de l'arbre ancien déjà en place.

L'arbre en pot sur mon balcon aura-t-il autant de choses à m'apprendre qu'un arbre en pleine terre en ville et/ou dans la nature ?

Bien sûr que non. Malheureusement, l'arbre en pot ne peut pas s'épanouir comme un arbre en pleine nature. Il est coupé, isolé des autres. Son réseau racinaire est atrophié. Or, c'est son principal moyen d'échange et de communication. Bien sûr, il peut aussi communiquer par voies chimiques, mais ce mode de communication est plus limité. Des tests scientifiques commencent à démontrer que les arbres peuvent aussi communiquer de façon sensorielle. Mais cela implique une proximité : quand on place en pot deux pousses d'arbre de la même espèce et qu'on leur fait se toucher légèrement les feuilles, elles vont s'accorder entre elles et déplacer leurs feuilles pour éviter de gêner l'autre.

Questions sur les arbres

Par quels moyens les arbres perçoivent-ils ?

Nous avons vu qu'un arbre perçoit de différentes manières. Surtout par le contact à travers ses racines, ses feuilles et son écorce. Un contact physique lui envoie une impulsion électrique qui lui transmet une information. La science l'a démontré. Il perçoit également par les racines, comme on l'a déjà expliqué. Il a aussi un odorat : il peut émettre des composés chimiques, il peut également en percevoir et les décoder pour comprendre le message transmis par d'autres arbres. L'exemple de l'acacia dans la savane en Afrique du Sud est aujourd'hui bien connu : pour se protéger des antilopes – les koudous friands de ses feuilles –, cet acacia produit un tanin toxique qui empêche la fermentation et la digestion de ses feuilles dans l'estomac de l'animal. Et on a dénombré plusieurs centaines de koudous morts par intoxication de feuilles d'acacias, car les premiers arbres agressés ont produit des phéromones, qui ont communiqué l'information aux autres acacias dans les parages, qui ont à leur tour augmenté leur production de tanins. Certains arbres réagissent de même pour se protéger des insectes qui dévorent leurs feuilles. Les arbres perçoivent également les sons. On a vu qu'une jeune pousse peut orienter ses racines en fonction du bruit de l'eau qui coule. Un arbre peut d'ailleurs émettre des sons, même s'ils sont trop faibles pour notre ouïe humaine. Et finalement, il peut aussi échanger avec nous à travers un voyage chamanique, dans le domaine du subtil. Il est donc très bien équipé pour percevoir et communiquer.

Quelle est leur perception du monde qui les entoure ?

La seule manière de vraiment comprendre comment l'arbre perçoit le monde autour de lui, c'est de se métamorphoser en arbre à travers un voyage chamanique. À ce moment-là, on devient l'arbre, on a ses sensations et ses perceptions, on réalise instantanément comment un arbre perçoit les choses. C'est comme une personne non voyante qui a une autre perception du monde qu'un voyant, une perception différente que je qualifierais même de plus précise que notre vue : une perception qui permet une cartographie détaillée de tout ce qu'elle perçoit autour d'elle. Car cette perception différente englobe des choses qui seraient hors d'un champ de vision tel que le nôtre.

Comment expliquer qu'un arbre semble nous attirer ou nous appeler plus qu'un autre ?

Il peut y avoir plusieurs raisons. Nous pouvons être inconsciemment attiré par un arbre dont les vertus énergétiques viennent combler un manque en nous. Il nous semble à ce moment-là dégager une énergie par laquelle on se sent tout naturellement attiré. De plus, les arbres sont en général des êtres très généreux, et quand nous passons près d'eux, ils peuvent bien sûr capter notre état d'esprit et ressentir notre besoin. Ils peuvent subtilement nous le signaler et nous inviter à aller à leur rencontre pour bénéficier de leurs vertus. Ou encore, un arbre peut nous attirer, consciemment ou inconsciemment, car il manifeste par exemple des qualités qui nous font défaut, et qu'il les incarne par sa présence et son apparence.

Dans le cadre d'une pratique précise, vaut-il mieux choisir l'arbre indiqué dans un livre, par exemple, ou suivre son instinct et se diriger vers un arbre qui nous attire ?

Les deux options conviennent. Si on souhaite travailler sur quelque chose de précis et que l'on connaît les vertus des arbres, on ira voir un arbre dont l'espèce possède les qualités requises, car il est un spécialiste et il sera le plus apte à travailler avec nous. Mais si un autre arbre attire notre attention de manière tout à fait inattendue, il est bon d'aller vers cet arbre et de suivre notre instinct. Il pourra peut-être nous aider aussi en nous donnant de bons conseils. Dans ce cas, l'intuition doit toujours passer avant les connaissances universelles, car il s'agit avant tout de s'écouter. Si l'on ressent une forte envie de se laisser guider par un arbre qui nous attire, c'est que celui-ci a de bonnes raisons, et il est important, essentiel, de faire ces expériences : elles nous apprennent toujours quelque chose.

Comment entrer en communication respectueusement avec un arbre ?
C'est très simple, il faut toujours lui demander la permission, comme on l'a vu, et respecter son choix.

Les arbres communiquent entre eux ; communiquent-ils aussi avec les animaux ? Est-ce qu'ils développent alors certains liens d'amitié au-delà de la symbiose habitat-nourriture qu'ils offrent ?
Oui, les arbres communiquent avec les animaux. Certains arbres, quand ils sont attaqués par des insectes qui viennent dévorer leurs feuilles, émettent des phéromones destinées à attirer les prédateurs des intrus, qui viennent les en débarrasser. L'arbre reconnaît précisément quel insecte l'attaque, et il sait quel signal envoyer pour faire venir les prédateurs. C'est là un mode de communication ultra-sophistiqué et efficace entre arbres et animaux. Les arbres communiquent aussi avec des animaux pour favoriser la pollinisation et pour se disséminer. Certains abritent et nourrissent des fourmis, qui, à leur tour, les protègent et les défendent contre certains insectes. C'est une forme

d'entente, une collaboration qui arrange les deux parties. Quant à parler d'amitié… c'est un terme typiquement humain. Nos termes, nos concepts humains nous servent à désigner des relations et des perceptions connues. Difficile de parler, avec les mots dont nous disposons, de relations, de perceptions qui nous sont inconnues.

Dans notre communication avec eux, que pouvons-nous leur apporter ?

Nous pouvons leur apporter notre soutien, notre amour et notre solidarité. C'est important pour eux de savoir que nous les aimons et les respectons, mais aussi de savoir que des êtres humains font attention à eux et agissent pour les préserver. Il est bon de renouveler régulièrement notre engagement à les soutenir ; cela leur fait du bien et ils ont besoin qu'on le leur fasse sentir.

Les arbres communiquent entre eux à distance ; pouvons-nous communiquer avec eux de la même façon ?

On peut effectivement communiquer avec eux à distance. Pour un praticien chamanique, cela se fait par le biais d'un voyage chamanique. La distance n'a alors aucune importance. Ce qui compte, c'est que le praticien chamanique connaisse bien l'arbre et qu'il sache où il se trouve. Alors, par sa seule intention, il pourra communiquer avec cet arbre. Car la conscience sait où se tourner pour établir le contact. C'est la télépathie, un procédé utilisé dans le monde entier depuis la nuit des temps. Les plus grands spécialistes connus de notre époque sont sans doute les aborigènes d'Australie.

S'il y a différentes essences d'arbres dans un même endroit, est-ce que les esprits des arbres différents se côtoient facilement ?

Oui, les esprits des différentes essences d'arbres se côtoient facilement. Sur le plan subtil aussi : l'union fait la force…

Les arbres communiquent-ils avec les autres esprits de la nature ?

Oui, bien sûr. Ils sont bien plus sensibles que nous, ils ont naturellement plus de facilité à percevoir les esprits. Pour moi, il est évident qu'ils échangent avec les esprits. Si nous le pouvons, alors que nous sommes bien moins réceptifs qu'eux, il est clair qu'ils le peuvent aussi, et sans doute bien mieux que nous.

Comment communiquer avec les souches des arbres morts ?

On fait tout simplement un voyage chamanique pour contacter l'empreinte énergétique que l'arbre vivant a laissée dans le bois mort de cette souche. Quand l'arbre est coupé, son essence, son âme et son esprit le quittent pour aller rejoindre la Source. Mais ses qualités énergétiques ainsi que la mémoire de cet arbre imprègnent toujours la souche.

☙ L'essence d'un arbre, son âme et son esprit

Un arbre a-t-il une âme ?

Oui, bien sûr. Tout être vivant est animé de ce que nous appelons une essence. L'essence d'un être vivant est elle-même constituée d'une âme, lumière pure de la Source, mais aussi d'un esprit, conscience pure de la Source. Les deux ne font qu'un et sont l'essence pure de la Source qui anime toute vie.

Peut-on entrer en contact avec l'âme des arbres ?

Il est vrai qu'on entend souvent des personnes prétendre pouvoir communiquer directement avec l'âme ou l'esprit d'une autre personne, d'un animal, ou d'un arbre par exemple. Ce qui en réalité n'est pas possible. De quoi s'agit-il alors ? Cela provient d'une interprétation erronée ou de mots mal employés. L'essence de la Source qui anime tout être vivant, autrement dit notre âme et notre esprit, est inaccessible à autrui. On ne peut donc pas communiquer directement avec. Cette essence est personnelle, intime. Cette notion est expliquée en détail dans *Chamanisme celtique, une transmission de nos terres*. Ce avec quoi nous communiquons, c'est l'esprit de l'arbre : sa conscience sur le plan de la matière.

Les arbres ont-ils une aura et des corps subtils ?

Oui, les arbres, comme tous les êtres vivants, ont une aura et des corps subtils. C'est d'ailleurs spécifiquement dans ces corps subtils, leur aura et leur énergie que l'on trouve leurs caractéristiques et vertus énergétiques. Tous ces aspects énergétiques de l'arbre, son aura, ses corps subtils, son essence avec son âme et son esprit purs et originels, son énergie qu'il dégage, représentent ce que nous appelons au premier degré l'esprit de l'arbre.

L'esprit d'un arbre se réincarne-t-il ?

Oui, l'essence d'un arbre, composée de son âme et de son esprit, se réincarne, comme pour toute vie. Rien ne se perd, tout se transforme : tout est en perpétuel mouvement.

Il suffit d'observer la vie et le monde autour de nous pour s'en rendre compte. Rien n'échappe à ce phénomène, nous en faisons tout simplement partie. Notre propre organisme, comme celui d'un arbre, change à chaque instant durant toute notre vie. Après une vie qui s'achève, le corps qui reste est transformé et absorbé par la nature ; notre essence, ainsi que celle de l'arbre, dont l'esprit fait partie, réapparaîtront d'une manière ou d'une autre à travers une autre vie.

Quel est le rôle des arbres pour les humains au niveau spirituel, s'il y en a un ?
Quand on communique avec l'esprit d'un arbre, il nous perçoit complètement, entièrement. Il peut donc nous donner des conseils et des enseignements à ce sujet, et même nous aider à libérer des choses ou à en soigner d'autres. En ce sens, il peut nous aider à prendre conscience de nous-même, d'une façon très différente que le ferait un autre être humain. Ces prises de conscience, déclenchées par un arbre apprécié, aimé ou vénérable, ont généralement un profond impact sur nous. Et cet impact contribue à ouvrir notre cœur, ce qui nous est, naturellement, bénéfique sur un chemin spirituel, mais aussi dans la vie quotidienne, pour nous et pour nos proches.

Chaque arbre a-t-il un esprit propre, ou bien s'agit-il d'un esprit unique à chaque essence, et dans ce cas, auraient-ils un esprit commun ?
Comme on l'a vu, chaque arbre a bien son essence, son âme et son esprit propre, comme nous. Et les arbres d'une même espèce ont ce qu'on appelle une conscience collective. Comme l'ont également plus largement l'ensemble des arbres de la planète. Il en est de même pour nous, les humains, et pour toute autre forme de vie. Chaque arbre a

donc sa personnalité, ses savoirs et ses expériences, tout en étant relié à l'ensemble des arbres.

Que devient l'esprit d'un arbre lorsque celui-ci meurt ?
Comme pour nous et comme pour n'importe quel être vivant, son essence retourne vers la Source pour poursuivre son chemin, sans doute à travers une forme de vie nouvelle.

෬ Aider les arbres

Comment peut-on aider les arbres à moins souffrir ?
On peut les aider en les respectant et en leur transmettant sincèrement notre amour et notre soutien. Bien sûr, à travers la pratique chamanique, on peut faire des rituels ou des cérémonies de médecine pour les soulager. Nous en faisons lors de pratiques en groupe. Nous pouvons aussi les aider en leur évitant des souffrances inutiles : les pollutions qui peuvent les affecter gravement, les pesticides, les multiples traitements chimiques qui fragilisent leurs défenses immunitaires. Mais aussi les produits non naturels, non bio, que la grande majeure partie des foyers utilisent encore et qui sont rejetés, via nos eaux « usées », et qui contaminent la terre, les nappes phréatiques et les arbres. Il y a aussi d'autres formes de souffrance que l'on peut aisément éviter de leur infliger, comme planter un clou dans un arbre vivant, que ce soit pour y suspendre un hamac ou pour y accrocher une clôture, ou bien étrangler des arbres avec du fil barbelé…

Quelles sont les bonnes conditions de vie d'un arbre si on souhaite en planter un ?

Il y a six conditions universelles nécessaires pour planter un arbre : l'eau pour se nourrir et préserver une certaine humidité intérieure, l'air pour respirer, le feu via la lumière du soleil – la température favorable – et la terre pour tenir debout et se nourrir. Mais aussi le temps et l'espace pour pousser et s'épanouir. Sur le plan individuel, chaque espèce a ses terrains et ses conditions préférés. Si vous voulez planter un arbre, vous pouvez vous renseigner dans un ouvrage de botanique et faire un voyage chamanique dans l'intention de lui demander de vous montrer ses besoins.

Comment remercier l'arbre pour les bienfaits qu'il m'apporte ?

La première chose, c'est de le remercier, de l'honorer et de le respecter. On peut lui transmettre notre affection et tout ce qu'on lui souhaite de bon en l'enlaçant avec beaucoup d'amour et de tendresse ; il va adorer. On peut aussi le remercier en lui déposant une offrande naturelle dont il pourra se nourrir directement, énergétiquement, et ensuite physiquement quand elle sera compostée.

J'ai plus de facilité à me relier à un arbre sain, vigoureux, dans un bel environnement de nature, et plus de difficulté à le faire avec un arbre qui me semble rachitique au milieu d'une cité bétonnée, avec un arbre taillé à outrance, ou avec un arbre en fin de vie, envahi de pourriture ou de lierre. Qu'est-ce qui peut m'aider à me relier à ces arbres-là ?

Ce qui peut aider, c'est d'avoir de l'amour et de la compassion pour eux et de comprendre que ce sont les mêmes espèces que ceux qui sont en pleine forme. Simplement, ils ont eu moins de chance que les autres. Mais ils ont les mêmes qualités subtiles que leurs semblables dans ce domaine ; en cela, ils n'ont rien perdu de leur « santé » subtile.

↷ Les arbres coupés, taillés ou morts

Quels sont les gestes simples que je peux faire pour/ avec un arbre ? J'ai quelques arbres fruitiers dans mon jardin et j'en taille un peu certains, ce qui me paraît bon. Est-ce judicieux ? Que puis-je faire pour remercier et comment donner en retour ?

Dans la nature, un arbre n'est pas taillé. En général, un arbre est taillé pour qu'il donne plus de fruits, ou pour avoir une jolie forme, d'après nos critères humains. En réalité, il n'en a pas besoin. Si c'est vraiment indispensable, il vaut alors mieux le faire quand c'est le moins traumatisant et douloureux pour lui. Le meilleur moment sera donc aux premiers ou aux derniers jours de l'hiver, selon les espèces. On peut facilement trouver ces informations auprès d'un spécialiste. Mais dans tous les cas, la taille se fait après sa mise en veille pour l'hiver ou avant qu'il ne se réveille au printemps. S'il est nécessaire de le tailler, on le fait avec le plus grand respect, et on lui parle dans une prière intuitive pour lui expliquer pourquoi on le fait ; c'est important pour lui de le savoir. La taille elle-même se fera dans le plus grand respect et avec beaucoup d'attention et de douceur. En général, celui qui pratique la taille parle à l'arbre durant tout ce temps, en le rassurant. Pour le remercier en fin de taille, il est bon de le prendre dans ses bras pour lui transmettre tout son amour et sa gratitude, et on peut bien sûr lui déposer une petite offrande.

Questions sur les arbres

*L'arbre peut-il nous apprendre des choses sur lui
lors d'une taille ?*

La taille est un moment très fort entre l'arbre et la personne qui le taille. Le respect, le soutien et la bienveillance de la part de celui qui taille sont très importants. C'est en général un grand moment de dialogue entre les deux. Celui qui taille doit vraiment s'employer à transmettre de l'amour et à gagner la confiance de l'arbre pour l'apaiser. Dans ce moment intense, l'arbre peut même guider celui qui taille pour lui indiquer les meilleurs endroits où tailler. Il peut même faire comprendre pourquoi couper à un endroit et pas à un autre. L'arbre peut dire qu'il souhaite garder telle ou telle branche, nécessaire à son équilibre, ou parce qu'elle lui apporte plus de lumière qu'une autre, et ainsi de suite. Quand on est attentif, dans le respect, on peut être surpris de sentir surgir une vraie complicité, une confiance, pour arriver au meilleur compromis entre l'arbre et la personne qui le taille.

*Dans mon travail de paysagiste, je plante, taille, élague,
et quelquefois, j'arrache des plantes. Je le fais avec
le plus grand respect et le plus de conscience possible ;
j'essaie quand je peux d'avertir les arbres de mes
interventions, de faire le minimum et en douceur. Mais
tout de même, parfois, mes actions sont violentes pour
les arbres... Comment faire au mieux ?*

Si on doit vraiment tailler ou élaguer un arbre, il faut avant tout lui parler, en silence ou à voix haute, cela n'a aucune importance. Il faut toujours lui expliquer les raisons de la taille ou de l'élagage, et le rassurer en lui disant que ça va être fait dans le plus grand respect et avec le plus de douceur possible. Autrement dit : les coupes doivent être nettes et sans bavures. Il faut éviter de retailler plusieurs fois la même branche. Il faut s'arranger pour la couper tout de suite au bon endroit, le but étant de limiter le temps et le nombre d'interventions douloureuses pour l'arbre. Si on le fait avec compassion, amour et éthique, l'arbre le vivra mieux.

Comment un bûcheron ou un artisan peut-il travailler en équilibre avec la forêt, et quel est cet équilibre ?
Le plus important, dans chaque cas, c'est le respect et l'éthique. Aujourd'hui, nous savons qu'exploiter les forêts comme nous le faisons provoque de profonds dégâts, de véritables ravages. Les coupes à blanc (le déboisement total d'une zone et de ses sols) sont catastrophiques pour une forêt : elles la fragilisent et infligent un énorme bouleversement à l'écosystème. Il est moins nuisible de prélever les arbres individuellement, puis de les extraire avec des chevaux et non avec des machines. De cette manière, les forêts souffrent moins et le sol est moins endommagé. Ce sont des méthodes ancestrales que forestiers, amis et défenseurs de la nature remettent en avant, mais ils ont encore beaucoup de mal à être entendus, notamment par les grosses exploitations forestières dont les seuls objectifs sont le rendement et le profit. La technique du prélèvement individuel s'apparenterait à des trouées naturelles, provoquées par des arbres qui meurent ou tombent d'eux-mêmes. Elle impacterait bien moins gravement la forêt que les coupes massives, car ces petites trouées sont rapidement comblées par de jeunes arbres. La nature a horreur du vide, encore faut-il qu'elle soit en mesure de le combler…

Questions sur les arbres

Est-ce que les arbres ressentent la douleur de la même façon que nous ? Notez que je me pose la question également pour l'ensemble des végétaux.

Oui, sans aucun doute, un arbre ou une plante ressent la douleur. Des tests ont été réalisés avec des capteurs pour le prouver. Une plante sur laquelle on déverse de l'eau bouillante émet une réaction de stress équivalente à des hurlements de douleur chez l'être humain. Les arbres comme les plantes sont parcourus d'un faible flux électrique. On peut brancher des électrodes pour mesurer l'activité de ce flux. Le simple fait de toucher une feuille provoque une réaction sur le graphique. Oui, les arbres comme les plantes sont sensibles. Ils ressentent physiquement les choses ; en l'occurrence, leur réaction à la douleur est extrêmement forte. « De la même façon que nous ? » Non, puisqu'ils sont dotés d'autres capteurs, d'autres modes de réception. Là aussi, les voyages chamaniques peuvent se révéler très édifiants…

Un arbre souffre-t-il lors de son abattage ? La forêt éprouve-t-elle un manque ?

Comme nous venons de le voir, un arbre souffre quand on le coupe, c'est un être vivant, sensible. Et malgré cela, nous nous sommes habitués à avoir besoin des arbres dans beaucoup d'aspects de notre vie humaine ; il est capital de couper les arbres avec respect et éthique, et uniquement quand c'est vraiment nécessaire. Comme on vient de le voir, la forêt n'éprouve en général pas un manque quand un seul arbre disparaît, mais bien quand on en coupe trop en même temps dans un même secteur ou quand on inflige artificiellement à la forêt une trouée de grande envergure.

Il m'arrive d'assister à des abattages d'arbres en ville, parfois dans des rues entières pendant des travaux. Comment puis-je aider, accompagner un arbre dans le cas d'un abattage ?

On peut, à ce moment-là, avec beaucoup de compassion adresser une prière intuitive à l'arbre et inviter son essence, son âme et son esprit à rejoindre la lumière de la Source. Ces prières aideront toujours l'arbre qui vient d'être coupé.

Comment l'arbre perçoit-il la perspective d'être coupé et transformé pour le besoin des humains ?

C'est une évidence : il ne va pas bondir intérieurement de joie quand on lui annonce qu'il va être coupé pour partir en fumée, en bois de chauffage…

Les arbres morts gardent-ils une partie de leurs qualités énergétiques ou sont-ils remplacés par un esprit « bois mort » totalement différent ?

Un arbre mort garde ses qualités énergétiques. Son essence, son âme et son esprit sont bien partis, mais le bois qui reste garde la mémoire, et donc ses vertus énergétiques, d'où l'utilisation des différentes rondelles de bois, dans le collier médicinal, qui peuvent se garder très longtemps. On peut donc travailler énergétiquement avec du bois mort. À ce moment-là, nous nous adressons à lui en tant qu'esprit du bois, matière porteuse des vertus énergétiques de l'arbre. Nous nous adressons à l'empreinte énergétique laissée dans le bois après la mort de l'arbre.

Quand un arbre est en fin de vie, son esprit le quitte-t-il dès qu'il arrête de faire des feuilles ?

Quand l'arbre arrête de faire des feuilles, il n'est souvent pas encore mort, mais plutôt mourant. Il peut encore vivre un certain temps avant de dépérir lentement de l'intérieur. Et quand il meurt, son essence, son âme et son esprit ne partent souvent qu'au bout de quelques jours. Le processus se fait lentement et tranquillement. Un peu comme chez les êtres humains : avant, on veillait le défunt trois ou quatre jours pour permettre à son essence, son âme et son esprit de le quitter tranquillement et de commencer son ascension vers la Source.

Si on souhaite fabriquer un objet de pouvoir en bois, comment prélever le bois en accord avec l'esprit de l'arbre ?

Pour commencer, je m'arrange toujours pour ne jamais prélever de bois sur un arbre vivant. Je cherche dans la forêt du bois mort, je m'assure de sa qualité – n'est-il pas déjà fragilisé par une décomposition trop avancée ? Je n'ai encore jamais eu besoin de prélever du bois sur un arbre vivant pour la fabrication d'un objet de pouvoir. Dans le souci d'aider et de préserver les arbres, je ne souhaite pas le faire, et je trouve finalement toujours ce qu'il me faut, alors pourquoi faire du mal à un arbre ? Dans notre tradition, le seul moment où l'on coupe du bois vivant, c'est quand on prélève des perches pour fabriquer une hutte de sudation, car il faut que les perches soient souples pour pouvoir être arquées. Dans ce cas, on recherche des noisetiers ou des coudriers, généreux en rejets, pour ne pas couper un arbre entier, mais prélever une seule perche chaque fois. Ce prélèvement se fait comme pour le gui, avec respect et dans notre esprit éthique.

Le bois de construction est-il encore lié à l'esprit de l'arbre dont il est issu ?

L'esprit de l'arbre en tant qu'essence, âme et esprit, ne l'anime plus ; il quitte l'arbre quand celui-ci meurt. Il en va de même des autres êtres vivants qui meurent. Cependant, le bois reste bien imprégné de ses qualités énergétiques.

☙ Qui sont les arbres ?

Quelle est la place des arbres dans le monde végétal ?
Dans le monde des esprits de la nature et du règne végétal, les arbres sont des géants ; ils représentent avant tout les poumons de la Terre. Sans eux, la vie telle que nous la connaissons n'existerait pas. Ils nous sont donc vitaux, indispensables. C'est aussi grâce à eux, notamment, qu'il pleut. Pour ne citer qu'un exemple parmi bien d'autres : si on enlevait tous les arbres sur une bande de six cents kilomètres de large tout le long des côtes à travers le monde, il ne pleuvrait plus à l'intérieur des terres, ce qui provoquerait une sécheresse et une désertification rapide.

Les arbres sont-ils parfois amoureux ?
Qu'entend-on par amoureux ? Une intimité, un lien unique ? Alors, oui, il y a effectivement des arbres qui sont très liés entre eux et qui s'entraident. Des arbres parfois étroitement, intimement liés par leurs racines. On a aussi remarqué que si l'un meurt, l'autre se laisse souvent mourir, comme s'il n'avait plus envie de vivre une fois que son compagnon n'est plus là.

Est-ce que l'énergie d'un arbre varie en fonction de son âge ou du cycle des saisons ?
Ses vertus énergétiques ne vont pas changer, elles resteront toujours les mêmes, avec le même potentiel, mais son énergie change beaucoup au cours des saisons, car il vit pleinement au rythme des saisons, auxquelles ses cycles de vie sont reliés. Il change effectivement aussi avec l'âge, gagnant en sagesse, en connaissances.

Les qualités d'un arbre viennent-elles avec son âge ou se transmettent-elles de génération en génération ?

Les qualités des arbres sont déjà présentes dans la graine : celle-ci contient tout le potentiel de l'arbre. Ces vertus-là ne se bonifient pas avec l'âge puisqu'elles sont déjà pleinement présentes dès le départ. Ce sont des savoirs, indépendants de leurs qualités propres, qui sont transmis par les arbres plus anciens aux plus jeunes par l'intermédiaire de leurs racines. Ces savoirs se transmettent de génération en génération.

☙ Les arbres en lien avec la pratique chamanique

A-t-on l'équivalent d'un arbre gardien ? Ou des affinités avec des essences d'arbres ?

On n'a pas d'arbre gardien, au sens où un de nos animaux de pouvoir peut être notre animal gardien. Mais on peut avoir des plantes de pouvoir, et donc aussi un arbre de pouvoir : un arbre qui possède des qualités qui correspondent à nos besoins, à notre personnalité ou à notre état d'esprit. Un tel arbre nous attire instinctivement et on a naturellement plus d'affinités avec lui qu'avec un autre. Cet arbre peut devenir pour nous un arbre de pouvoir. Rappelons que le sens du mot « pouvoir » fait référence ici non pas à une quelconque emprise, mais à la puissance et à l'efficacité des qualités qu'il nous apporte.

Chamanisme celtique

Il y a de nombreuses histoires de métamorphoses chez les Celtes. Certaines racontent des métamorphoses en arbres. Pouvons-nous nous métamorphoser en arbre ?

La métamorphose se pratique beaucoup dans la tradition chamanique celtique. Eh oui, on peut effectivement se métamorphoser en arbre. La métamorphose se fait dans un premier temps à travers un voyage chamanique. À ce moment-là, on devient l'arbre en ne faisant plus qu'un avec lui. On possède ses perceptions, son instinct, son état d'esprit, et on peut se rendre compte de ses savoirs et de ses connaissances. On peut aussi bénéficier de ses qualités et les intégrer. Le faire en forêt apporte une dimension supplémentaire, plus forte, car les autres arbres vont vous percevoir comme un arbre et les animaux aussi. C'est une des méthodes utilisées pour apprendre à se fondre dans la nature. Avec de la pratique, on pourra par la suite approcher des animaux sans se faire remarquer, puisqu'ils ne vous perçoivent plus en tant qu'être humain mais en tant qu'arbre. Une excellente maîtrise de la métamorphose peut même permettre de masquer l'odeur humaine, qui ne sera plus perçue par les animaux ; le camouflage est assuré.

A-t-on un ou des arbres de pouvoir auquel on est relié dès notre naissance, comme on est relié à des animaux de pouvoir ?

Non. Les animaux de pouvoir sont des êtres de lumière, liés à chaque être humain pour la vie, et qui se montrent à nous sous l'apparence d'animaux. Les animaux de pouvoir sont décrits dans *Chamanisme celtique, animaux de pouvoir sauvages et mythiques de nos terres*. Cependant, un arbre peut devenir pour nous un arbre de pouvoir, car ce qu'il nous apporte nous est très bénéfique. Dans ce cas, nous sommes liés de façon particulière, il devient pour nous un véritable ami.

Vaut-il mieux que notre connexion avec un arbre se fasse spontanément, sans attentes, ou, au contraire, vaut-il mieux demander à un arbre de partager avec nous sa sagesse, son expérience ?

Tout dépend de notre objectif. Si on connaît bien les vertus de l'arbre et qu'on souhaite faire un travail spécifique avec lui, il vaut mieux avoir une intention précise dans ce sens. Cependant, si on n'a rien de particulier à travailler ou à demander, on peut juste entrer en contact avec un arbre sans intention particulière ; il nous transmettra toujours une leçon instructive et bénéfique.

Comment solliciter l'aide des arbres pour leurs vertus médicinales autrement que par le voyage chamanique ? Est-ce possible ?

Oui, on peut bien sûr demander respectueusement à un arbre de nous transmettre ses vertus juste en l'enlaçant avec amour. Il nous fera bénéficier de ses qualités, et on pourra ensuite le remercier. Ce genre de travail est toujours bienfaisant. Mais si on le fait à travers une fusion dans le cadre de la pratique chamanique, on rajoute une dimension bien plus efficace, puisqu'on s'imprègne d'une manière bien plus profonde de sa médecine.

Est-ce important de demander la permission avant d'entrer dans une forêt, si notre intention est de recevoir une réponse ?

Si on souhaite recevoir une réponse à une question, alors oui, il est d'usage de s'annoncer, de faire connaissance avant de demander aux esprits de la nature de bien vouloir répondre à la question durant le passage en forêt. Ensuite, au cours de la promenade, on reste réceptif à toutes les impressions qui surgissent. Ce sont toutes ces impressions qui vont apporter des éléments de réponse à notre question. Et même si cette réponse ne nous paraît pas claire sur le moment, il est bon de toujours remercier pour les informations obtenues. Autrement, si on souhaite juste se promener, il n'est pas nécessaire de demander la permission pour entrer ou passer dans une forêt. Tant qu'on est respectueux envers la nature, c'est ce qui compte.

Le fait qu'un arbre soit utilisé pour l'ancrage – l'enracinement en chamanisme celtique – lui confère-t-il une place particulière dans la pratique chamanique ?
Oui, l'arbre est le symbole parfait de l'enracinement, de l'ancrage en chamanisme celtique. Pour nous, c'est l'être le mieux enraciné, le mieux centré et le mieux relié à la Source. C'est donc tout naturellement que nous prenons exemple sur lui pour nous enraciner nous-même.

Si on rencontre régulièrement un arbre, peut-on avoir avec lui une relation similaire à celle que l'on peut avoir avec un animal de pouvoir ?
Oui, bien sûr, un arbre peut devenir un vrai esprit aidant. Un véritable compagnon spirituel, comme le sont naturellement nos animaux de pouvoir. Il pourra, au même titre que les animaux de pouvoir, nous instruire, compléter et enrichir notre apprentissage sur notre chemin spirituel.

Comment installer un lieu sacré au pied d'un arbre ?
Avant tout, on demande si l'arbre et le lieu sont d'accord. Il faut les informer clairement de notre intention. Si nos ressentis nous indiquent une réponse positive, alors on peut les remercier et créer un lieu sacré, mais sans rien arracher de vivant. Il ne s'agit pas de dénaturer le lieu ou l'arbre. En général, les lieux personnels sacrés sont discrets,

car il s'agit de lieux intimes. Ce ne sont pas des lieux destinés à être visibles des passants. Dans un lieu sacré, on fait sa propre pratique avec les esprits qui nous accompagnent. Il ne s'agit pas de faire étalage de cette pratique, de l'exposer à tous les regards.

Comment utiliser la pratique chamanique pour aider un arbre malade ou un arbre fruitier qui ne porte pas de fruits ?

On peut communiquer avec l'arbre concerné à travers un voyage chamanique. On commence par lier connaissance, puis on lui demande ce qui ne va pas, ou pourquoi il ne donne pas de fruits. L'arbre connaît très bien la ou les raisons de ce qui lui arrive, et l'on obtient souvent rapidement des informations sur la cause de la maladie ou de l'absence de fruits. On peut alors faire appel à quelqu'un qui s'y connaît pour traiter l'arbre sur le plan physique, pour l'aider à guérir ou à produire des fruits. La communication directe avec l'esprit de l'arbre par le biais de la pratique chamanique peut donc être un moyen d'aider l'arbre.

Comment apprendre, avec l'esprit de l'arbre, à prendre soin d'un arbre ou de tout un verger ?

On s'y prend exactement de la même manière que pour la question précédente : on va à la rencontre de l'arbre ou du verger à travers des voyages chamaniques. Ils nous donneront toutes les informations nécessaires pour que nous puissions en prendre soin au mieux.

❦ Les relations avec les arbres

À quoi cela sert-il de recevoir de l'énergie des arbres ?

À refaire le plein quand nous sommes fatigués ou épuisés. À bénéficier d'un nouvel élan bénéfique quand notre moral est en chute libre. Comme soutien, en complément d'un traitement médical ou d'une thérapie en cours. Il est bon de le faire régulièrement, en entretien, en guise d'hygiène de vie.

L'énergie des arbres peut-elle être mauvaise ?

Je ne le dirais pas comme cela, car un arbre, dans son état naturel, n'a pas la volonté de nous nuire intentionnellement. Cependant, si on va s'épancher auprès d'un arbre auquel on n'a pas demandé l'autorisation et qu'il n'est pas d'accord, il peut se protéger, se défendre contre cet assaut de mauvaises énergies de notre part et nous repousser par des sensations désagréables. Il arrive aussi qu'un arbre nous semble mauvais précisément parce qu'il a les qualités qui pourraient nous aider. Pourquoi sent-on alors un rejet, et non une attirance ? Tout simplement parce qu'une partie en nous a peur du changement et résiste. Cette partie-là de nous préfère nous montrer l'arbre comme un ennemi potentiel plutôt que comme un précieux allié… Comment savoir si nous sommes dans ce cas ? C'est très simple : si tous les arbres de la même espèce vous inspirent la même sensation de rejet, c'est que quelque part, en vous, vous résistez à ses vertus et donc à son aide. Dans ce cas, il serait utile d'aller contacter cet arbre à travers un voyage chamanique pour voir avec lui comment faire sauter cette résistance pour bénéficier de ses qualités.

Est-ce normal de se sentir particulièrement attaché à un arbre précis dans notre entourage, parce qu'il a joué un rôle particulier dans notre vie ?

Oui, c'est tout à fait normal. Un tel arbre est devenu pour nous un compagnon, un ami qui compte et que l'on peut considérer comme un arbre de pouvoir. Si l'on est initié à la pratique chamanique, on peut communiquer avec lui à travers des voyages chamaniques et recevoir des explications de sa part. Il peut nous en apprendre beaucoup sur le rôle qu'il a joué. Il peut devenir un esprit aidant, auquel on peut régulièrement demander conseil.

Un arbre peut-il nous apporter des réponses sur nous-même ?

Oui, un arbre peut bel et bien nous en apprendre plus sur nous-même. Il faut savoir que quand un esprit entre en contact avec nous, lors d'un voyage chamanique par exemple, il nous perçoit entièrement instantanément. Nous devenons en quelque sorte transparent à ses yeux. Ce que toute personne connaît d'elle-même – ou croit connaître – n'est qu'une toute petite partie de ce qu'elle est réellement. Nous n'avons pas conscience d'une grande part de nous-même. Or, progresser, avancer sur notre chemin, c'est se connaître mieux. L'esprit d'un arbre, comme les autres esprits, nous perçoit dans notre entièreté ; il peut donc nous en apprendre beaucoup sur nous-même.

Comment les arbres manifestent-ils leurs émotions, si « émotions » est le terme juste ?

Personnellement, je crois que les arbres ont des émotions. Le plus souvent, nous pouvons partager les émotions des arbres via notre ressenti. Ainsi, quand nous sommes en contact avec un arbre, nous pouvons sentir sa joie, sa tristesse, sa peur, sa souffrance, sa colère, son amour, sa compassion… Cette transmission est d'ailleurs une des manières les plus simples et directes de communiquer avec nous. Pas besoin de pratiquer le chamanisme pour cela : il suffit de toucher l'arbre ou de se tenir près de lui pour le sentir. L'arbre peut aussi manifester ses émotions physiquement. C'est beaucoup plus rare, mais quand ça arrive c'est un merveilleux cadeau. Comme le chêne et le frêne qui ont laissé tomber une multitude de feuilles et de glands, à la fin de la cérémonie décrite dans un chapitre précédent. Il n'y avait pas le moindre souffle de vent, et les autres arbres voisins n'ont pas bougé. C'était pour nous un magnifique moment de partage, d'émotion, de joie, d'amour et de fraternité.

178 *Est-ce que chaque arbre, selon son âge, son essence, son lieu d'implantation, a un enseignement et une sagesse bien à lui ?*

Oui, bien sûr, c'est exactement comme pour nous, les humains. Chacun d'entre nous, selon ses origines, son environnement, son savoir et son expérience, aura d'autres choses à nous apprendre et à partager. La rencontre avec les arbres est d'une très grande richesse, sans limites, comme la rencontre avec des personnes de cultures et de pays différents.

Un arbre se pose-t-il des questions ?

Pas de la même façon que nous avec notre cerveau humain. Il n'a pas de cerveau, mais il a une mémoire et une conscience. C'est difficile pour nous de concevoir cela, car nos repères sont typiquement humains. L'arbre est pleinement conscient de ce qui se passe près de lui, et même à distance. Et il peut réagir à ce qui se passe. Se demande-t-il comment réagir au mieux ? Je pense plutôt que c'est son instinct, son savoir inné, mais aussi son savoir acquis qui agissent automatiquement. Nous avons en partie perdu notre instinct. Sur ce plan aussi, des voyages chamaniques à la rencontre de l'esprit des arbres peuvent nous en apprendre beaucoup.

Que pensent les arbres des humains ?

Les arbres ne pensent pas comme nous, car ils n'ont pas de cerveau comme nous. Mais ils ont une conscience des choses très vaste. Ils nous voient capables du meilleur comme du pire. Ils perçoivent notre inconscience, notre inertie, notre manque d'actions positives. Nous dépendons d'eux pour vivre, et malheureusement, maintenant, leur survie dépend aussi de nous. Ils sont là, à notre disposition. Ils nous invitent à les observer, à entrer en relation avec eux pour éviter le pire. Allons-nous le faire ? Chacun doit répondre en son nom propre.

Ma mère avait demandé qu'après son décès, on répande ses cendres sous un arbre. Nous l'avons fait et planté un bouleau. Est-ce que je peux rentrer en contact avec elle à travers cet arbre ? Dans quelle mesure l'arbre a-t-il absorbé son essence ? Dans quelle mesure suis-je lié à cet arbre ?

Après un décès, il est important pour les proches de faire le deuil du défunt. Chercher à communiquer avec le défunt ne va pas aider à faire le deuil, à accepter le départ, la séparation. Chercher à rester en lien est le contraire d'accepter la mort. De plus, dans les premiers jours suivant le décès, une telle attitude va considérablement freiner l'essence du défunt dans son départ pour rejoindre la Source. Il est bon d'abandonner l'idée de continuer à communiquer avec un défunt : ce sera très bénéfique pour l'essence du défunt, en route vers la lumière. Dans ce cas, l'arbre n'absorbe bien sûr aucunement l'essence de la personne défunte, puisque cette essence est énergétique et qu'elle part rejoindre la Source pour poursuivre ses cycles de réincarnations. Les cendres sont organiques, elles nourriront notamment l'arbre de leurs sels minéraux, mais pas de l'esprit du défunt. Cet arbre est le symbole du départ de la mère, il n'est aucunement investi de l'essence de la mère. Et en tant que symbole du départ, l'arbre est une aide précieuse pour traverser le processus de deuil.

On dit qu'il ne faut pas séjourner sous un noyer parce que son ombre est mauvaise et peut provoquer des refroidissements, et que l'ombre d'un tilleul est porteuse d'apaisement.

En réalité, ce n'est pas l'ombre du noyer qui est mauvaise. Ses feuilles produisent le juglon, une substance qui, sous l'effet de la pluie, pénètre dans le sol, au pied du noyer, où elle empêche beaucoup de plantes de pousser. Voilà pourquoi il n'est peut-être pas bon de faire la sieste sous un noyer si on a un système immunitaire faible et sensible. Quant au tilleul, il a des fleurs très odorantes en mai et en juin. Faire la sieste baigné de leurs douces fragrances est effectivement très agréable. De plus, une des vertus du tilleul, bien connues de la phytothérapie, est de traiter l'insomnie ; de là à se laisser gagner par l'apaisement... Dans ces deux cas, la communication entre l'arbre et la personne se fait naturellement, simplement, par le ressenti.

Comment nos ancêtres, les Celtes, voyaient-ils les arbres, et quel était leur rapport avec eux ?

Les Celtes avaient un rapport très affectif avec les arbres, ils les vénéraient et les respectaient beaucoup, comme on l'a vu à de nombreuses reprises à travers cet ouvrage. Les arbres étaient pour eux des êtres vivants très précieux qu'ils honoraient généreusement tout au long de l'année, à travers de nombreuses pratiques et cérémonies.

❧ L'éthique envers les arbres

L'année passée j'ai fait une cure – enfin un début de cure – de sève de bouleau. Ma toute première impression tout à fait spontanée et instinctive en buvant les premières gorgées fut que j'étais en train de commettre un sacrilège, alors qu'au départ, je me réjouissais à l'avance de m'imprégner et de « consommer » un peu de l'énergie, de l'esprit de l'arbre, de l'essence de la vie. Cette impression de sacrilège ne m'a pas lâchée jusqu'à ce que ce soit mon estomac qui tranche, et j'ai arrêté la cure. J'ai versé le reste avec douceur sur la terre de mon jardin. Qu'en est-il ?

Il est vrai que l'utilisation parfois intensive que nous faisons des plantes peut nous sembler problématique, abusive. Des questions importantes se posent : le jus de feuilles et la sève de bouleau ont-ils été prélevés de manière éthique et respectueuse pour l'arbre ? Ce qui veut dire qu'on lui aurait expliqué qu'on souhaitait prélever un peu de ses feuilles ou de sa sève pour bénéficier de son effet tonique et qu'on le lui aurait demandé. Si oui, la quantité prélevée affaiblit-elle l'arbre ? Si le prélèvement a été fait avec respect et avec l'accord de l'arbre, alors nous pouvons profiter pleinement des bienfaits qu'il nous offre par sa sève ou le jus de ses feuilles (ou le potentiel de ses bourgeons). Il faut aussi être conscient que tout être vivant qui vit sur terre consomme également du vivant. Le monde dans lequel nous vivons est ainsi fait. Que nous soyons végétariens, végétaliens ou pas, nous mangeons du vivant. Chaque être vivant a besoin de consommer du vivant pour vivre. Le tout est de savoir dans quel état d'esprit nous nous nourrissons…

Est-il dommageable pour l'esprit de l'arbre de prélever occasionnellement une branche pour une pratique chamanique, si c'est fait avec respect ?
Comme on vient de le voir, il n'est pas dommageable de prélever un rameau ou une petite branche, si on le fait avec respect et surtout si l'arbre a bien donné son accord. Dans ce cas, l'éthique est respectée. Les arbres aiment échanger de cette manière, et l'on peut avoir l'esprit serein.

Certaines fêtes, rites, cérémonies se célèbrent notamment par le sacrifice d'un arbre qui est coupé, porté, décoré, mis sur pied sur la place publique pour un hommage, dans les maisons pour les familles, ou brûlé pour la célébration de renouveau… Est-ce que l'arbre participe à la joie populaire, à ce rôle qui lui est donné ? Fait-il vraiment partie intégrante des célébrations, des cycles, ou ne reste-t-il en fin de compte et uniquement que la mort de l'arbre ? Perçoit-il une différence si le niveau de conscience, de connexion, d'empathie est éveillé par rapport aux sacrifices qui relèvent plus de l'habitude et de la consommation commerciale ?
Malheureusement, tous ces arbres meurent inutilement et ne participent en aucun cas aux réjouissances pour lesquelles ils ont été coupés. Il s'agit là d'un cas classique d'ignorance et

d'égoïsme humains. Aucun arbre n'a de plaisir à donner sa vie pour être l'objet symbolique d'une cérémonie ou d'une fête. Noël est un des plus tristes exemples de massacre d'arbres à très grande échelle : plusieurs centaines de millions d'arbres coupés chaque année, à travers le monde. De nos jours, c'est une aberration monumentale, étant donné la situation de la Terre et du vivant. Pourtant, chaque année, le massacre recommence. Nous pouvons aider les arbres en renonçant tout simplement aux arbres de Noël.

Divers

À part Yggdrasil, y a-t-il d'autres arbres mythiques dans le chamanisme celtique ?

Je ne connais pas d'autres arbres investis du même statut mythique dans la tradition chamanique celtique. Yggdrasil est l'arbre cosmique dans la mythologie nordique. On le trouvait tout particulièrement chez les Vikings. Pour les Gaulois, c'était l'if le plus important, puis venait le chêne. L'if incarnait l'immortalité par sa longévité et la médecine universelle – comme le gui – : deux qualités majeures auxquelles il devait les honneurs dont il faisait l'objet. Il était respecté et vénéré par les Celtes, au même titre que les esprits les plus importants. Selon certains textes, très peu nombreux, certes, Yggdrasil aurait été un if, et non un frêne. Un if ne portait jamais de gui : son système immunitaire est tellement puissant que le gui ne peut se développer sur lui.

Le chêne, aux valeurs aussi nobles que celles de l'if, était lui aussi un arbre sacré pour les Celtes : la force vitale, la robustesse, la longévité, la sagesse. Ils vénéraient tout particulièrement le chêne porteur de gui. Mais ce sont là des arbres sacrés, et non des arbres mythiques.

Selon le calendrier celtique, un arbre va correspondre à notre jour de naissance. Est-on dès lors relié à cet arbre d'une manière particulière tout au long de notre vie?

Selon les découvertes actuelles de l'archéologie et ce que j'ai appris à ce sujet, un tel calendrier des arbres celtiques n'a jamais existé à l'époque des Celtes. Le seul calendrier celtique dont il a été retrouvé des fragments est le calendrier gaulois de Coligny. Il s'agit d'une grande plaque en bronze, sous forme de fragments, du IIe siècle, trouvée à Coligny, dans l'Ain. Il n'est pas complet, seulement environ 50 % du calendrier a pu être reconstitué avec les pièces exhumées. Les inscriptions sont en langue gauloise, mais les chiffres sont romains. Ce calendrier ne mentionne aucun arbre. Ce qui n'a pas empêché de multiples interprétations, parfois très divergentes, de voir le jour, et notamment le fameux calendrier celtique qui associe un arbre à chaque jour de l'année. Mais parmi les arbres qu'il mentionne, nombreux sont ceux qui n'existaient tout simplement pas encore en Europe à cette époque. Certains sont arrivés en Europe plus d'un millénaire après les Celtes…

Remerciements

Merci à Anne, mon épouse.

www.stage-chamanisme.com
gilles@stage-chamanisme.com

CRÉDITS PHOTOGRAPHIQUES

iStock :

Page 30 : Michael Ver Sprill ; 46/47 : HansJoachim ; 47 haut : AlasdairJames ; 47 centre : Mac99 ; 47 bas : marilyna ; 49 : undefined undefined ; 50 : myshkovsky ; 51 : yuriz ; 60 haut : Paul Hayward ; 60 bas gauche : chengyuzheng ; 60 bas droite : emilio100 ; 61 : LuVo ; 61 haut gauche : Bogdan Lytvynenko ; 61 haut centre : filmfoto ; 61 haut droite : Chushkin ; 61 bas : Sieboldianus ; 64 gauche : tomch : ; 64 centre : Avalon_Studio ; 64/65 bas : filmfoto : ; 65 pleine page : LiliGraphie ; 68 haut gauche : ivstiv ; 68 haut droite : scisettialfio ; 68 bas : tiler84 ; 69 : Falombini ; 70 : kasia_ka ; 71 haut gauche : Mantonature ; 71 haut centre : Iurii Garmash ; 71 haut droite : emer1940 ; 73 haut gauche : Amebar ; 73 haut droite : fotolinchen ; 73 centre droite : morningarage ; 73 bas : Angelafoto ; 76/77 haut : Sieboldianus ; 76 bas : ra-photos ; 77 bas gauche : iSailorr ; 77 bas droite : Voren1 ; 80 : Antagain ; 81 bas gauche : Azure-Dragon ; 81 bas centre : ithinksky ; 81 bas droite : ithinksky ; 83 haut gauche : filmfoto ; 83 haut centre : otophoto ; 83 haut droite· chengyuzheng ; 83 bas : smontgom65 ; 85 haut gauche : Whiteway ; 85 haut centre : versh ; 85 haut droite : dabjola ; 85 bas : Agenturfotograf ; 87 haut gauche : etienne voss ; 87 haut centre : Avalon_Studio ; 87 haut droite : valentinarr ; 87 bas : eurotravel ; 90 haut gauche : Hajohoos ; 90 haut centre : scisettialfio ; 90 haut droite : Neydtstock ; 90/91 : Knaupe ; 93 haut : LesyaD ; 93 bas gauche : aristotoo ; 93 bas centre : janrysavy ; 93 bas droite : Neydtstock ; 96 : jeangill ; 97 bas gauche : SlavkoSereda ; 97 bas centre : unpict ; 97 bas droite : mtreasure ; 99 haut : W6 ; 99 bas gauche : ranasu ; 99 bas centre : Griffin24 ; 99 bas droite : scisettialfio ; 102 : Antagain ; 103 haut gauche : matka_Wariatka ; 103 haut centre : VvoeVale ; 103 haut droite : scisettialfio ; 104 haut : tiler84 ; 104 bas centre : kaanates ; 104 bas gauche et droite : Avalon_Studio ; 106 : Agenturfotograf ; 107 gauche : dinn ; 107 centre : anna1311 ; 107 droite : TatyanaMishchenko ; 108/109 bas : AWelshLad ; 109 haut gauche : emer1940 ; 109 haut centre : svrid79 ; 109 haut droite : versh ; 110 gauche : seraficus ; 110 centre : Alexan2008 ; 110 droite : scisettialfio ; 111 : Kerrick ; 114 haut gauche : Antonel ; 114 haut centre : Roman Samokhin ; 114 bas : Sieboldianus ; 115 : User2547783c_812 ; 117 gauche : Nastco ; 117 haut droite : Mehmet Hilmi Barcin ; 117 centre droite : osoznaniejizni ; 119 haut : nobtis ; 119 bas gauche : Eerik ; 119 bas centre : kazakovmaksim ; 119 bas droite : Richard Griffin ; 121 haut gauche : LuVo ; 121 haut centre : Iurii Garmash ; 121 haut droite : pilotL39 ; 121 bas : Sieboldianus ; 124 haut : hsvrs ; 124 bas gauche : fotiksonya ; 124 bas centre : Fotofreak75 ; 124 bas droite : vencavolrab ; 127 haut : unpict ; 127 centre : Coldimages ; 127 bas gauche : BSANI ; 127 bas droite : Avalon_Studio ; 132 : Kseniya_Milner ; 137 : den-belitsky ; 187 : claffra.

Wikimedia Commons :

Creative Commons – https://creativecommons.org/licenses/by-sa/3.0/deed.en Page 133 : Nationalmuseet.

44400 Rezé

Achevé d'imprimer